慈禧西逃記

庚子西狩叢談

[清]吳永　口述
[清]劉治襄　筆錄
蔡登山　主編

《庚子西狩叢談》的成書經過

蔡登山

歷史學家翦伯贊在《義和團書目解題》認為眾多有關義和團的歷史文獻中，最有價值的就是《庚子西狩叢談》，他還高度評價該書為記述「西逃」諸書中最佳之著作，可見其史學價值之高。民國二十四年（一九三五），美國教士浦愛德更將《庚子西狩叢談》譯成英文，由美國耶魯大學刊行，之後更有德文、日文的譯本。中外推崇，視為信史。該書若以現代的說法，是真正名符其實的一本「口述歷史」。口述者是吳永，而筆錄者是劉治襄。

吳永（一八六五至一九三六），字漁川，別號觀復道人。祖籍浙江吳興，生於四川西昌縣。清光緒四年（一八七八）父歿，次年隨母徙成都。因家貧無力延師，從親友處借書攻讀，刻苦自勵。涉獵經史之餘，還工於繪書，精通音律，特別對金石頗有研究。光緒十年，法軍入侵中國雲南，吳永投筆從戎。次年，清政府與法國議和，遂解甲歸田，客居長沙。光緒十三年，吳永由湖南入京師，經侍郎郭嵩燾推薦，到戶部侍郎曾紀澤家教書。因勤於職守，頗得器重，曾紀澤以次女曾廣珣嫁之。婚後納資捐得知縣，分發直隸候補。或許是因為與當時的北洋大臣李鴻章弟弟李鶴章第四子李經馥（曾紀澤長女曾廣璇丈夫）是連襟關系，成為李鴻章幕府中一員不可多得的幹才。中日甲午戰爭結束後，吳永曾隨李鴻章赴日本商談「和約」，任「辦約文案委員」。光緒二十三年，經李鴻章的大力推薦，補授直隸懷來縣知縣。光緒二十六年（一九〇〇），八國聯軍侵華，慈禧偕光緒微服倉皇出走，首站就到了當時隸屬懷來縣的雞鳴驛。吳永得知慌忙接駕，他任職的懷來縣非常貧瘠，又加之當時兵荒馬亂，雞蛋、小米粥、玉米麵、窩窩頭就已經是傾其所有了。盡管食物簡陋，但饑寒交迫的慈禧仍然非常高興，對吳永心中頓生感激之情，又得知他是曾家女婿，又與李鴻章世交，見駕時應對從容，對朝廷的忠誠溢於言表，自然更加的賞識。之後，吳永又隨慈禧西行，擔任前路糧臺會辦，日夕召對，故對當時諸多事宜，深知內情。回京後，慈禧就將吳永官職升至五品，連升三級。但李蓮英等宮廷幕僚嫉恨心泛起。慈禧為了歷練也為了保護吳永，最後就把他「下放」到西安做了一個四品的道臺。不久，又將他「下放」到了更遠的廣東雷瓊道。

劉治襄（一八六九至一九三六），名焜，譜名振書，字芷薌，晚號甓園居士。浙江蘭溪官塘鄉厚同人，生於清同治八年（一八六九）十月二十三日。才華橫溢，雅博宏深，曾受業於俞曲園（樾），光緒二十七年鄉試第一，會試得中進士。歷任翰林院庶士、編修、北京京師大學堂教授、省議會副會長、國務院參議、內務部總務廳廳長等職。民國八年（一九一九）七月，屈映光（文六）署山東省省長，劉治襄是他的秘書長。這時吳永剛在山東任膠東道尹，因有事進省，屈氏讌之於省署西園，並要劉治襄作陪。兩人因同屬浙江，地緣相近，人緣相親，席間暢談庚子「西狩」故實，合座傾聽，屏息靜氣沒有一點動筷子的聲音，剛說到緊要關頭，忽報某鎮帥到，主客紛紛離席，一番酬應，故事便中斷了。一斷便是七、八年，直到民國十六年（一九二七），因潘復入京任內閣總理，劉治襄和吳永一同入樞府任記室，兩人同處一室，這才重續八年前未完的「傳奇」故事。劉治襄形容當時的心情說：「此次所談，……予既溫舊聞，復償新願，胸藏宿塊，頓爾消解，欣慰殆不可言喻。最可異者，區區一夕談，發端於八年之前，而結委於八年以後。假當時稍延片刻，一氣說盡，亦不過曉此一段歷史，茶前酒後，偶資談助，反不覺如何注意。乃無端畫成兩橛，神山乍近，風引舟開，偏留此不盡尾聲，懸懸心坎。直至今日，言者聽者，乃復無端聚集，完此一樁公案。地隔數千里，時閱六七年，以萬分渴望之私，當十九難償之願。本非絕對必需之事，已作終身未了之緣，成日蓄之意中，而一旦得之意外，便覺得一字一語，皆成瑰寶。奇書殘本，忽然足配完編，一如盪海萍花，既離復合，西窗聽雨，重話巴山，此豈非人生難得之快事耶！」

《庚子西狩叢談》一書，凡五卷，共七萬餘言。初稿就在三個晚上寫成，可見劉治襄的才思敏捷，他說：「因率就燈下援筆記述，取案頭日報，用寸草塗抹其上。初意數紙可竟，乃引而愈長，既盡一紙，更取一紙，直至曉鐘將動，尚未罄其十一。」可見當時他在記敘此書時是如何地興之所致，一發而不可收。後來經過兩次增補修正，又經吳永看過，根據吳氏日記增訂了名物時地，方才完稿。

吳永對劉治襄讚不絕口地說：「筆致縱橫，詞禾磊落，事皆翔實，庶可傳信，先生記憶強密，精力滂魄，即此可見」。以十天功夫寫成這樣的傳世之作，可見劉治襄的才華橫溢之一斑。

《叢談》既畢，劉治襄又寫了一段頗長的模仿「太史公曰」，提出他自己的看法。他認為，庚子一役，釁自我起，衡情量理，我們當然不對。但既已到宣戰階段，那就不必論理而論勢了。他們的聯軍，從千萬里外而來，以當時的交通工具，後繼的援軍，一定趕不上來的。他們集合了「風習各殊之眾，猜嫌互異之情」，勉強推定了統帥，號令決難一致。聯軍總數，不過三萬餘人，「懸軍深入，冒百忌以賭一日之得失，以兵法論，實處於必敗之勢，所謂越國鄙遠，吾知其難者也。」當時，中國軍除禁軍不計外，所號北洋六軍，環列於京津間，為數當在十萬以上。「以眾禦寡，以主敵客，以逸待勞，賺之登陸而斷其後，八面犄角，一鼓而覆之，固非甚難事也。否則圍而錮之，勿加殺害，杜絕接濟而使之自屈。」再等而下之，「乃既不能戰，並不能守，京津三百餘里間，一任其從容馳騁，長驅突進。則又何也。」劉氏這些論點已不是書生談兵，紙上作論，他清楚地提出「堅壁清野」的戰術，「長期抵抗」的戰略，他認為八國聯軍並不可怕，只要韌性抵抗，洋人一定要失敗的。

劉治襄又進一層推尋構成「義和團」事件的社會因素：一則民智之過陋，二則生計之窳薄。因為老百姓缺乏教育，以致迷信於仙道鬼神之魔法。因為長期失業而貧而困，靠著一些僥倖的機會混吃混喝，終至恣意燒殺搶奪來滿足自己的慾望，而存著萬一僥倖的希望以逃過法網。因愚而頑，因游而暴，適有民教互鬩之問題以作之導線，遂轟然爆發而不可復遏。

《叢談》是由吳永口述，劉治襄記錄並加以自己的評述，是一本記錄當時義和拳動亂、清廷腐敗、外國軍隊入侵、慈禧光緒西逃及回鑾的真實歷史寫照。該書從作者對李鴻章的肯定，對清朝官宦之間的爾虞我詐的揭露，乃至對慈禧的過失的微詞，均可見他有清醒的政治看法。而且由於此書為當事人的經歷，又與事件經過不久，自是應當可補正史之闕的。

序

庚子京畿拳禍，其始由於二三愚妄大臣，逢迎親貴，以攘除夷患為名，將欲撼動神器，徼非常之榮利。遂致乘輿播遷，生靈塗炭，款議屈就，歲幣無厭。辛壬以還，國謀顛逆，民困財殫，百度隳紊。紀綱坐是不振，陰陰如日將昏。馴至宗社為墟，版宇分裂，夫豈憸人所及料哉！夫禍變之來，每相緣藉；是以風旋而上升，水激則彌悍。向若戊戌無變政之舉，則孝欽無猜忌於德宗矣。宮廷雍睦，則「扶清滅洋」之謬說何自而生？拳匪不敢披猖，夷兵無由犯闕矣。辛丑和約，創巨痛深。乃銳意變法，空言立憲，權幸開貨賂之門，疆吏失馭兵之柄，群小並進，天下騷然。假使當軸得人，推賢任能，修明庶政，則上下相維，猶可為理，國祚雖衰，其亡也未必如是之速矣。是故非意之意，常為事之基胎。嗚呼，豈非天哉！

余宰懷來之三年，當拳民萌動之初，余痛治之，境內晏然。無何，鄰封拳眾數千，闌入縣境，設立壇場，聲言報復；強余至壇所，厲聲詰問，幾罹鋒刃。自此紅巾滿城，生殺任意，陵轢官長，魚肉鄉民，岌岌不可終日。如是者幾兩閱月，及夷兵陷京師。兩宮微服出走，間關道途，晝餐無糗糒，夕休無床榻，饑寒羸瘁，有平民所不堪者，況萬乘之尊乎？車駕猝至，百官雲從。余於淩遽之頃，設備行宮，供億百司食物，紛紜勞悴，僅乃集事。以豆粥麥飯之微勞，邀慈聖特達之知，眷遇優渥，寖將大用。顧為當路所嫉，官不過一道，寧非命耶？

余之陪隨鑾蹕也，往往不次召對，每陳民間疾苦及閭閻凋敝情狀，慈聖輒為磋嘆。因諭執政，以為聞所未聞。執政某公責余非所宜言，不當入告。余之觸忌，此為尤甚。昔韓退之擢監察御史，上疏言事，貶山陽令。其實所論，亦一時尋常事，而遽得罪者，蓋疏中有云：「此皆群臣之所未言、陛下之所未知。」故執政者惡之，遂遭貶謫。以今擬古，有同慨已。

蘭溪劉治襄先生，吾浙知名士也。記問浩博有識略，知天下大計。壬寅領鄉薦，聯捷成進士，入詞垣，有聲朝列。余久欽其才，以唯未獲一見為憾。己未之秋，於役濟南，晤於省廨。甫接欒，即詢余西狩事。語未竟，會有他客至，尋復散去。越八年，余為濟寧總揆辟入樞幕，與先生共几席。重申前問，余為縷述顛末。先生與同僚聽之，或喜或愕，詫為創聞。余意一時之談，不過具述當時事實而已。久之，先生出一編示余，署曰《庚子西狩叢談》，則已裒然成集。於拳亂之始末，行在之起居，仕途鬼蜮之情，政事得失之故，詳徵博載，巨細靡遺。筆致縱横，詞采磊落，事皆翔實，庶可傳信。先生記憶強密，精力滂魄，即此可見。余衰老無能，日即頹喪，前塵已淡焉若忘。今得先生椽筆紀述，覺蕪蔓情事，宛在目前，不禁感慨激昂，意興飛動，先生其海上之成連乎？後之覽者，毋徒矜佚事逸聞，即作當時信史讀之，無不可也。叢談云乎哉！

中華民國十七年戊辰春三月，吳興吳永書於宣南

庚子西狩叢談序

庚子之役，國家以亂民肇釁。外國連衡而入京師。兩宮微服出狩，行二日，至榆林堡。懷來縣知縣吳永，具衣冠恭迓於道旁。於是帝后始得進饘粥、備供帳。當及時，吳公之名聞天下。既而太后嘉其行誼，命開缺以知府隨扈，督辦行在糧臺。日夕召見，駸駸且大用，眾以封圻臺輔目公矣。而公伉直自將，不肯骫骳隨俗，以故樞要多不悅公，遂以道員外放。然太后終契其賢，遇兩司缺出，未嘗不憶及公；每入都召對，未嘗不移晷也。既而兩宮相繼殂謝，國祚亦潛移。談者偶及往事，殆如隔世矣。丁卯之秋，余與公相遇客邸。有以前事詢者，公為述其大略，乃與外間所傳迥異。同坐劉治襄先生，瑰奇人也，因就公所述，草具其事，立成數萬言。先生夙雄於文，敷陳演繹，剴切周詳，睹者皆悚然色動。蓋庚子之禍，為前古之所未有，不獨關有清一代之興亡，抑中外交通之一大變也。而事經一世，紀載闕如，後生小子，幾莫有知其詳者。吳公身在宮廷，親述其所經歷，又得先生雄快之筆記而傳之，洵足備當世史家之要刪矣。

莊生云：「舊國舊都，望之暢然。」雖丘陵草木之緡，入之者十九猶之暢然，況見見聞聞者邪？今海桑迭變，城郭猶是，人民已非，蓋不僅丘陵草木緡焉而已。而二公從鍾虡遷移之後，追述其生平聞見之詳，有不勝其淒然魂斷者。雖異代讀之，猶將感愴欷歔惻怛而不能已，而況吾儕之目擊其事者乎！然拳匪雖陋，尚知憤外侮之侵迫，同心以衛國家，特苦其智不足耳。縷指二十年來之事變，吾未嘗不嘆此輩之影響，猶為未可厚非也。二公於此，其亦有同慨乎？

戊辰三月，桐城吳闓生謹序

甓園居士自序

本編所載，係因前清庚子義和拳之變。兩宮避地西狩，吾友吳君漁川自在懷來迎駕，隨扈往返。嘗為詳述其身歷目擊之情事，而予偶為之屬筆者也。全書近七萬餘言，以篇幅太冗，釐為五卷。第一卷，自義和拳發難，迄於兩宮出狩；第二卷，則漁川先生在懷來禁遏拳教，與後來所受之種種險惡；第三卷，自兩宮駕抵懷來，沿途扈從，至於太原駐蹕；第四卷及第五卷，則自西安起程回鑾，至黃河南岸登舟北渡為止。除敘述輦路行程外，其間多有政變要聞，宮廷記注，與當時內外大臣、巨璫貴胄之語言風概。旁牽側引，波譎雲詭，可歡可愕，可歌可泣，可以撫膺扼腕，擊案浮白。其一切稱謂體式，均沿當日口吻，從史例也。惟漁川曾因公私事項，兩離行在，歸途復由河南徑赴粵中新任，故途中事實，未能按日銜接。然庚子一役，蒙國大恥，事變後先之跡，亦略可睹矣。暇中更將關係此次遺聞軼事，就傳說親切與他書所記載者，探賾索要，拉雜補著，別成附錄兩卷，用資印證。

嗟乎！黃冠朝士，幾人省說開元；白髮宮娥，何處更談天寶。況乃銅駝棘里，王氣全消；白雁霜前，秋風已改。金輪聖母，空留外傳於人間；寶玦王孫，莫問當年之隆準。昔之紅羊換劫，青犢興妖；六國叩關，雙旌下殿。胡天胡帝，牽母牽兒，牛車夜走於北邙，轂卵晨探於廢屋。蜀道青天，呼癸庚而不應；長安紅日，指戊己以為屯。回聽內苑蝦蟆，六更已斷；極目南飛烏鵲，三匝何依。誰實為之，吁其酷矣！天為唐室生李晟，上付禁軍於馬燧。靈武收兵，百官稍集；興元置府，十道粗通。蠟詔星馳，海內識乘輿所在；餉舟鱗萃，人心以匡以復相期。無如敝漢謀深，吞胡氣怯，蛙惟式怒，螳不擋車。江左畫疆，首主和戎之議；汾陽單騎，未收卻敵之功。卒要城下以輸盟，遂據榻旁而鼾睡。從此燕雲，時時牧馬；可憐盧壑，歲歲填金。迢遙百二河山，雞鳴西度；僥倖八千子弟，狼跋東歸。一局棋輸，九州錯鑄。黃花明日，青史前朝，俱成過眼之煙雲，孰洗沉沙之鐵戟？

漁川以關門之令尹，作參乘之中郎，紫氣未瞻，彩符忽降；見舜容於牆上，遇堯母於門中。忍看憔悴綈袍，一寒至此；況說煎熬餒腹，半菽無沾。是主憂臣辱之時，正捐頂糜身之會，敢忘饘橐，以負詩書？太華山低，誓踏三峰而捧日；仙人掌小，拚擎一柱以承天。遂乃擁彗除宮，解衣獻曝，典衾具饌，剉薦供芻。辛苦一甌豆粥，親進璇幃；間關萬里芒鞋，遠隨金勒。朕不識真卿，乃能如是；眾共稱裴冕，故出名家。特加置頓之崇銜，命傅屬車於近列。爰自橫海澄波，回天起驛，登封禮嶽，浮洛觀圖。歌鳳翽以歲從游，賦鹿鳴而賜宴。長信宮前，千官獻壽；望仙樓下，萬姓呼嵩。漁川有役皆隨，無班不綴。前席敷言，常呼裴監；書屏問狀，必引蕭生。篚頒相屬於庭階，簪笏不離於左右。凡一路之行行止止，經年之見見聞聞，往日衝埃，霜淒月黯，來時飛蓋，雲會風從；他若御史呈身，將軍負腹，尚以由竇，學士簸錢；以及雞蟲得失之場，冰炭炎涼之感，覆雨翻雲之世態，含沙射影之機牙；並珠記心頭，丹留枕底。鴻爪之餘痕彷彿，印雪長存；蠶絲之積緒纏綿，逢人偶吐。聽罷一回書說，抵將十曲詞彈。昔年歷下亭邊，萍因偶合；今歲晚晴簃畔，花落相逢。便回西陸之餘光，重續南柯之舊夢。且收談屑，聊綴叢麻，寫黍離麥秀之遺音，作瓜架豆棚之閒話。君慕介子推之雅節，將隱矣焉用文之；我如王定保之摭言，不賢者識其小者。

時中華民國十有六年十月上浣，甓園居士自序於京師宣內寓廬

目次

卷一

前清庚子拳匪之難，八國聯軍入京師，兩宮西狩。於時，同鄉吳興吳君漁川方任直隸懷來縣事，以倉猝迎蹕，不誤供應，大為兩宮所激賞，由知縣超擢府道，恩眷優渥。京外嘖嘖，稱一時佳話。上海各戲館至特為編演新劇以歆動社會，觀者填隘。予亦曾一往寓目。陳設布景頗新麗，而劇中情節殊弗類，科白鄙俚，全是三家村禮數。滿村聽唱蔡中郎，此固不足深究。然默揣當日吳君以荒城僻邑，儽然坐困，無端而空中霹靂，忽報皇太后駕到、皇上駕到，王公宰相，陸續俱到，此真夢想不到之事。巷中遇主，亦喜亦懼，定別有一番情景。惜不獲與局中人把臂晤談，一詢真況也。

民國八載，予佐山東省幕。漁川方任膠東道尹，以事晉省。居停屈公觴之於省署西園，囑予為陪。濟南當陸海孔道，冠蓋絡繹，公私宴會無虛夕。予苦不善酬應，往往託故辭謝。是日，聞漁川在座，頓觸素懷，欣然赴召。私念漁川以盛年下位，驟膺殊眷，遭曠代非常之異數，意其人必精強機警，目聽而眉語，才氣發露，足以傾倒一世者。顧乃溫厚敦篤，藹然善氣，恂恂如老諸生。臭味相感，一見莫逆，恍惚若平生故舊。席間坐次適相接，喜極情急，不復能自禁，未及舉酒，即逕叩以前事。眾聞語，咸共忻贊。漁川因為從頭敘述，合座傾聽，均斂容屏氣，至寂然不聞匕箸聲。正談至酣蜜處，忽報某鎮帥至，主客悉蜂起離席，一番擾攘，遂爾中斷。以後餚酒雜沓，終席迄不得賡續，催租敗興，予大引為憾事。第念同官一省中，山河咫尺，覿面固非難事，計必有一日從容剪燭，可以圓此話柄。不意漁川回署後，戰事踵起，遂不暇重至省會。而予亦不久謝事去魯。風流雲駛，忽忽八年，彼此不相聞。顧其人其言其事，輒低徊往復於予胸中，未嘗一日釋也。

頃歲政局改造，濟寧潘公總揆事。予與漁川先後被辟入樞府，同儤西廳，又適在對案，相見喜極。亟擬請申前說，顧漁川新病癒，喘息尚不屬，殊逡巡未敢相敦促。會同事吳君北江、鄭君倓忱，饒君景伯，柯君燕舲，咸欲速聞其事，因爭相與慫恿之。漁川重違眾意，勉為之開章演說。同人環坐促膝，如聽柳麻子說《水滸傳》，心摹神會，目無旁眴。漁川旋亦自忘其疲，描述拳匪始末，殊清切動聽；忽驚忽愕，忽笑忽怒，頃刻萬態，聽者亦不覺隨而顛倒。久之而聲益高、神益王，旁牽側證，觸緒環生，娓娓滔滔，如長江大河，一瀉千里，不可復遏止。直至全部結束，始相與起立環顧，則花磚日影，早已移過七步，直上西檽矣。

此次所談，與予前所聞者互有詳略，但通體比較，總以詳於前者為多。其關於拳匪一節，及後幅情事，均為前說所未及。予既溫舊聞，復償新願，胸藏宿塊，頓爾消解，欣慰殆不可言喻。最可異者，區區一夕談，發端於八年之前，而結委於八年以後。假當時稍延片刻，一氣說盡，亦不過曉此一段歷史，茶前酒後，偶資談助，反不覺如何注意。乃無端畫成兩橛，神山乍近，風引舟開，偏留此不盡尾聲，懸懸心坎。直至今日，言者聽者，乃復無端聚集，完此一樁公案。地隔數千里，時閱六七年，以萬分渴望之私，當十九難償之願。本非絕對必需之事，已作終身未了之緣，成日蓄之意中，而一旦得之意外，便覺得一字一語，皆成瑰寶，奇書殘本，忽然足配完編。一如溢海萍花，既離復合，西窗聽雨，重話巴山，此豈非人生難得之快事耶？

回寓後，偶與侄婿倪孔昭、兒子同度述及一二，皆忻喜踴躍，如讀章回小說，前說未竟，即亟盼下回分解。予念漁川所談，雖屬於一人之遭際，而其間事實，率關係於政聞國故與一時大局之得失，為當世所不具悉者。漁川不言，恐更無人言之，亦更無人知之。此一段遜荒實錄，或遂沉埋湮沒，永在闕文借乘之列，殊為可惜。因率就燈下援筆記述，取案頭日報，用寸草塗抹其上。初意數紙可竟，乃引而愈長，既盡一紙，更取一紙，直至曉鐘將動，尚未罄其十一；而亂稿敦積，直如太沖研都，縱橫左右，狼藉滿案。次晚更續，始別以新紙檢飭書之，凡歷更三徹夜而後竣事。摺疊稿紙，已歸然如牛腰。因囑倪婿依序整理，清繕一通。復持示漁川，承為詮次先後，訂其漏誤。更出舊藏日記兩冊見付，攜歸核對，以次填補地名、時日，並就中擇要節抄二十餘則。於是自拳匪發難，洎出狩以至回鑾，首尾粗具，居然足成一片段。與明皇幸蜀、建文遜國諸記傳，約略相類；而兼收並蓄，不拘一格，內容之繁贍叢雜，差乃過之，因姑名之曰《西狩叢談》。方計藏之篋笥，備異日史家之選。知好中具悉其事，謂君意既在掇拾舊聞，毋使湮沒，則與其私為枕秘，孰與逕行刊布、寄傳識於多數之耳目？質之漁川，頗承贊可，乃稍加刪潤，付之手民。此係率意急就之篇，文無剪裁，體無義例，莊諧並逞，雅俗雜陳，殊不能律以作家繩尺。惟事事翔實，在漁川為親見，在予即為親聞，耳入而筆出，初未嘗稍有增減緣飾，取悅觀者。雖不敢遽言傳後，要當足以信今。以視坊肆通行之《清宮秘史》諸作，信口開河，羌無故實者，固為稍勝一籌也。

抑予於此，尚當有所剖說。蓋漁川自弱冠以詞翰受知於當代諸巨公，書名文藻，照耀海內，固非不能屬筆者。漁川之事，漁川之言，漁川不自記而予記之，蠶則績而蟹有筐，未免近於掠美。顧漁川當日所遇之奇之險之艱難困頓，千磨百折，殆非恆人所能忍受。甫離豺窟，又入龍潭，幸回九死之生，突受可驚之寵；負責於矛淅盾炊之下，長日在探珠履尾之中，雖幸保於始終，實備嘗夫荼蘗。重以尊前車笠，半隔雲泥；夢裡槐檀，都成泡影。已在境遷之後，不無痛定之思，雅不願以舊事重提，徒增棖觸。況以局中之人，記親歷之事，在己有鋪張之跡，於人有揚抑之嫌，下筆措詞，頗多牽顧。至對於朝序笑談，宮廷瑣事，亦似不欲遽形筆墨，致傷忠厚。故所存當時日記，殊甚簡略，其無心傳世可知。平居不言溫室樹，於此正足見漁川之長德。予則完全居於局外，與書中人物，均無何等關係。有聞必錄，原不假以成心；據事直書，更無勞於曲筆。此一段信史，或遂因予之冒昧越俎而稍留梗概於後世；即漁川當日種種苦心孤詣、斡旋盤錯之大節，亦反因此書以表暴其十一，則掠美之事，或竟視為成美，殆亦未嘗不可。若代斲傷手之譏，固非予所計矣。既拉敘緣引如此，以下乃述漁川之言。

漁川曰：予欲述迎駕始末；當先敘及拳匪之事。蓋逮兩宮西狩時，京師匪患雖熄，而近畿各地，厥勢猶張。予方為所厄，備歷艱窘。即駕至懷來之前一日，予尚困居圍城中，絲毫未得消息也。

予初以先外舅曾惠敏公之汲引，得識合肥李文忠公，頗承器視。前清光緒二十一年，文忠奉命充全權大臣，辦理日本換約事宜，予以直隸試用知縣奉調充文案委員。次歲，文忠奉命出使，賀英皇加冕，（編者按，光緒二十二年（一八九六）李鴻章出使俄國；賀俄沙皇尼古拉二世加冕，此處作賀英皇加冕，係誤記。〕兼遊歷各國。繼其任者為張樵野侍郎蔭桓。年餘事竣，會詔中外大僚薦舉賢能。張公密保六人：首安徽臬司趙爾巽，堪任封疆；次候選道伍廷芳、梁誠，堪任出使大臣；次道員潘雲生、湯伯述（皆不記其名），堪任監司；以予殿末，其薦語為「堪膺方面」。旋交部帶領引見，奉特旨以知縣仍留原省補用。丁酉補懷來縣，戊戌九月到任。是時，予年力壯盛，頗銳意為治。在任二年，於地方利弊，多所興革，尤以除暴安良、便民安業為主旨。因此與地方紳民感情頗洽，相處如家人骨肉，凡所舉辦，朝令夕行。故雖羈棲下邑，殊戀戀不忍捨去。以此迄於庚子之難，予猶在懷來也。

先是清代嘉慶末葉，直、魯、豫各省，承白蓮教之後，復有所謂八卦教者，大抵以書符治病煽誘愚俗，趨者如鶩。嗣經清廷嚴令禁遏，因不敢公行嘯聚，而民間實私相傳習，蔓延頗廣。自耶教傳入中國，地方莠民，輒掛名教籍，倚外勢橫鄉里。教士藉口保護，以祖庇為招徠，動輒挺身干預。官吏但求省事，遇有民教訟案，往往屈民而右教，教民驕縱益甚。鄉閭良懦，十九受魚肉，因之銜恨刺骨，則相率投入八卦教以與之相抗，因該教中稍有團體組織，冀以眾為勢，緩急可資援助也。逮聲氣漸廣，名跡顯露，其中黠者，亦深慮官方干涉，率加以「不軌」二字，肆行剿刈，乃特創「扶清滅洋」四字口號，即懸是為彼教標幟，一以號召人民，一以抵塞官府，用自別於白蓮、天門諸教。緣此而從者益眾，漸明目張膽，昌言無忌。官吏亦置若罔聞，然禁令固未弛也。迄李秉衡撫魯，部屬有以此請示者，則怫然拍案曰：「嘻，此義民也，獎且不暇，又安可復禁！」此語一播，所在遊民土匪，爭相與招搖勾煽，設壇立社，教中聲勢，一時暴長。於是善良殷富，亦不得不投身入教以自庇。會毓賢任曹州府事，迎合李意，思藉此階進，則悉力獎勵而倡導之，不過數年，幾遍於山東全境矣。

該教中每糾合若干人為一團，多者或至逾萬人，少亦以千百計。每團各設有壇宇，所奉之神，任意妄造，殊不一律，率以出於《西遊》、《封神》、《三國》、《水滸》諸小說者為多數，且有供祁雋藻及李秉衡者。李時尚生存，不倫不類，殊無可索解。各團領袖，皆稱大師兄，凡有正式祈禱，則神必降集其身，跳舞升坐發號令，餘眾膜拜奉命，即赴湯蹈火，咸俯首惕息，無敢稍抗。大師兄躬代神位，口含天憲，因此聲勢赫耀，可以頤指而氣使。凡隸該團本域住民，無論富貴貧賤、生死禍福，舉出於其一言之下。此職率由地方豪猾充任，其威力直遠出郡縣長官之上。

八卦教本分為八大團，每團各以一卦為標識。此次舉事者，實只有乾、坎兩團。隸「乾」字者，謂之黃團，悉用黃巾帕首，黃帶，黃抹胸，黃布纏足，巾上皆畫乾卦。隸於「坎」字者，謂之紅團，巾帶皆紅色，上畫坎卦。大勢既集，遂公然編列隊伍，製造兵器，以軍法相部勒。練習時，由大師兄拈香誦咒，其人即昏然仆地，俄頃倔起，謂之神來附體，則面目改異，輒自稱「沙僧、八戒、悟空」之類，狂跳踴躍，或持刀矛亂舞，呼嘯如狂醉。新入者，則以次等頭目教授之，令誦經咒，習拳棒，謂經月而足用，三月而術成，則矢石槍炮，均不能入，以此抵禦洋人，削平世界各國，所向無敵；其精者，至可以書符作訣，從空中發火種，焚毀百尺巍樓、萬間廣廈，或隨意舉利刃自刺，至於刃曲鋒折，而膚肉迄無少損。聞者益驚以為神，於是一時風靡，遂不可復遏。因以習拳為入教正課，故彼中自稱為「義和拳」，亦稱「義和團」；宮中稱之為「拳民」，或稱「義民」，後以其行止不法，真相漸著，則普通稱為「拳匪」云。

拳匪多屬市井無賴，及被脅誘之鄉里農民。雖同為拳團，亦復各樹門戶，以強弱詐力相角勝。嗣更有巨猾，別出心裁，從天津覓得一土娼，略有姿色，而悍潑多智巧；乃群奉之為女匪頭目，號稱「黃蓮聖母」，珠冠繡服，衣飾儀從如妃后。更慫恿青年婦女，投拜麾下，選健者為之部領，輒衣紅衣，短袖窄褲，十百成群，招搖而過市，手持紅巾一方，沿途揮舞，人稱之為「紅燈照」。謂只須紅巾一拂，可使於百尺樓頂發火，立時灰燼；或以紅巾鋪地，一人立其上，念咒數通，巾與人皆冉冉升空，如駕一片彩雲，直上天際云云。輾轉傳播，眾共信之為天人。所至則夾道人眾，咸俯伏泥首，俟過去方敢起立。實則此等事實，皆出諸匪眾之口，從未有人目見；而互相矜炫，互相迷信，迄無敢稍加擬議者。民智之愚陋，至於如此，誠一時之怪事也。

是時，魯撫李秉衡、直督裕祿、直臬廷雍、晉撫毓賢，皆心醉其術，而毓、廷二人，溺信尤甚。畿輔大僚，已如一孔出氣。內則剛毅、趙舒翹等，阿附端王載漪，極力主持，造作種種徵驗以聳上聽，一若此等義民，真有忠忱神力，可以報仇雪恥，張我國威者。一時竟有獎勵各省拳民焚毀教堂之詔令。以是奸民無賴，所在咸揭竿蜂起，不可收拾。嗣以袁項城調撫山左，首申厲禁，犯者殺無赦，各團首皆遁入直界，魯中匪勢，因是為之一衰，而直境各處，轉益以滋擾。聞項城初奉此詔，立即通行所屬，遵旨辦理。其時，撫署主辦洋務文案為候補道徐撫辰，湖北人，字紹五，向來牽涉洋人案件，均經彼手，而此事竟未及寓目，聞之大愕，立見項城諫阻，謂此亂命萬不可從。項城不聽，徐退後即刻擯裝出署，留書告別，益剴切申明利害。項城閱之頓悟，亟遣人召還，面向謝過。而檄文已發，乃以飛騎分道追回，遂毅然一變宗旨，護洋人而剿拳匪，因是竟得盛名。項城後日之豐功偉業，赫赫為全國宗望者，實皆由徐玉成之。當時山左人民，獲以安定，清室亦藉延十數年之命，而北方各省，皆得免遭重大慘劫。一言興邦，造福誠非淺鮮。此事項城幕中舊人，為予歷歷言之，當非臆造，顧同時竟絕罕知其底蘊者；而徐後亦遂默默無所表見，大功不賞，可惜尤可嘆也。

直隸拳匪，初發生於新城，而盛行於淶水，旬日之間，天津、河間、深冀等州，遍地皆是。其時大阿哥已立，其父載漪，頗怙攬權勢，正覬國家有變，可以擠擯德宗，而令其子速正大位，聞之喜甚，極口嘉嘆。諸親貴因爭竭力阿附，冀邀新寵。大臣中亦尚有持異議者，謂究近邪術，恐不可倚恃。然太后意已為動，顧猶持重不即決，乃派剛毅、趙舒翹前赴保定察看。剛、趙皆為軍機大臣，甚見信用。覆命時，剛阿端王旨，盛稱拳民忠義有神術；趙又阿剛，不敢為異同。太后遂一意傾信之，於是派端總率團務。端益跋扈肆志，而順、直拳匪，同時並起矣。

直督裕公，本庸儒無意識，頗信拳匪為義民，但尚未敢極端獎勵，輒依違持兩可，以觀風色。臬司廷雍，則一意徇庇，所以承奉之者，無所不至。拳民由是益驕。彼團眾過懷來，臬署至為發排單，飭縣供應。煌煌憲檄，無法違抗，只有勉強承應。彼乃需索乾折，累費至數百金。惟藩司廷傑，頗明大體，深以予在懷境禁抑為當，然獨力已苦不支。而廷臬謂予助團不力，銜之殊甚，突以縱盜殃民為題，密委下縣查辦，將加以罪。是時予正下鄉捕盜，迭破巨案，紳民交口稱頌，委員偵查覆命，恰與事實相反，因而中止。予晉省謁見，廷藩始告以故曰：「君在懷來，治績甚佳，予所深悉。臬臺乃欲以私意相羅織，殊不可解。君但安心盡職，毋須置理。本司一日在此，必不令彼妄屈好官也。」此語不知何人傳入臬署，兩司至以此成水火，而廷臬之銜予，乃益加甚。厥後予幾因此中奇禍，而廷藩亦險遭不測，報施之毒如是，殊非此時所及料矣。

匪黨既群聚淶水，鴟張日甚。直督不得已，乃派副將楊福同前往查辦。楊稍有究詰，匪競聚而戕之。裕聞信膽落，自是遂不敢有所主張，既不剿，亦不撫，聽其橫行不法。匪乃益肆然無忌憚，延至四月二十間，遂群起舉事，首焚毀津保鐵路，斫斷電線，黃巾紅布，彌望皆是。都下遊民痞棍，悉聞風響應。五月初旬，京城附近亦漸次發見，每三五成群，沿途叫囂奔突，持刀喊殺；惟尚未見大股聚集，亦未敢公然闖入城堙也。

五月十五日，日本書記生杉山彬，突在永定門外遇害。都人聞信，咸慄慄戒懼，知有危禍。各使館外人，尤大譁憤，群起向總署詰責，問我政府究竟有無保護外人能力。當局支吾應付，仍不聞有何等措置。拳匪益藐玩無所瞻顧，遂相率結隊入城，一二日間，城內拳匪已集至數萬。王公世爵，爭延請大師兄住其府第，竭誠供奉，內監之入夥者尤眾。於是輦轂之下，悉成團匪世界矣。

十七日，匪眾遂乘勢暴動，以焚燒教堂為名。到處放火。前門一帶，如東西荷包巷、珠寶市、大柵欄、廊房頭條二條、煤市街等處，繁盛市場，悉付一炬。火勢延燒正陽門城樓，紅光燭天，各處教堂及教士居宅，同時舉火。凡教士教民家屬，無少長男女，咸被屠戮，伏屍載道。匪中呼洋人為「老毛子」，教民為「二毛子」。先猶專殺教民，次則凡家有西洋器具貨物，或與西人稍有交往者，概加以「二毛子」之名，任意屠掠；次則有無事證，一無所別擇。於是全城居民，驚號狂竄，哭聲震天地，真一時之浩劫矣！

自前門焚毀後，清廷鑒於拳匪之橫暴，頗有覺悟，復通令各省，著地方官嚴行禁阻，然已不生效力。匪眾旋揚言焚燒各國使署。清廷遣人警告東西洋各國駐京公使，勸其回國，並有旨派兵護送赴津。各公使同至總署辭行，德使克林德行至總布胡同，突為一兵士發槍擊斃。於是各使益怒不可遏，謂清廷實無保護誠意，行亦死，居亦死，均之死也，孰與共謀抵抗，以僥倖於萬一。遂相約不復出都，即就東交民巷一帶，建設防禦工程，為固守計；同時由津沽調洋兵五百餘人，分佈扼守；並各電本國政府設法濟師。部署既定，遂照會總署，促將大沽炮臺騰讓，為彼屯兵地，詞氣甚倔強不遜。太后大恚，諸王公更交口刺激之，乃復勃然變計，告廟誓師，明令撻伐，仍弛拳匪禁令，著各省督撫招集獎率，同仇敵愾。京城方面，以榮祿總師，立調武衛中軍及董福祥所統甘軍，率拳匪多人，圍攻使館及西什庫教堂。一時槍聲震耳，硼騰如連珠。顧禁軍久不習射擊，百無一中，拳匪益蠢無秩序，冒死盲進。洋兵潛伏圍牆中，不動聲色，瞄準以待。俟前麾擁過御河橋，則一聲口令，百槍並發，彈無虛落。

我眾轟然仰退，如波翻浪捲，死者輒墜入御河中。俄傾復進，見圍中無動靜，徐徐上擁，比至故處，則牆內槍發如前。且進且退，一日數接，御河積屍已平岸，而洋兵之受傷者，乃寥寥無幾，守志因以益固。顧附近民居，則一洗幾盡。如徐相桐、孫相家鼎、曾侯廣鑾府第，皆在界內，悉遭兵匪焚劫；眷屬男女僅以身免；曾宅並斃僕役三人。兵匪羼集，殆逾數萬，區區攻一數百人據守之巷隘，而鏖兵累日，竟不得進其咫尺，真兒戲矣！

圍攻使館久不下，眾意稍懈。榮相見大勢弗順，已紆迴改道，隱與使署通消息；或稱奉詔送瓜果蔬菜，至東交民巷口，聽洋人自行取入，一面設法牽制兵匪，使不得急攻。是時主戰主和，朝議頗紛紜不一，乃奉旨特開御前會議。太后與皇上同出蒞座。端、莊諸王，方倚拳匪作威福，攘臂抗聲，主戰甚力。侍講學士朱祖謀亦在班列，即跪地陳奏曰：「臣謂與洋人萬不可戰！」聲洪而銳。太后為之動色環顧，意頗慍怒，厲聲問：「何人？」幸朱班次在後，倉猝中無人指認，遂得免究。然太后餘怒未息，復厲聲曰：「此何等大事，今舉朝王公大臣均在此，尚未有建議，何物小臣，乃敢越級妄言，豈目無朝廷耶？」因此眾益俯首不敢置一語。顧太后意態尚猶豫，而端、莊持之急。德宗意頗弗愜，然亦不敢加斥駁，於人叢中顧見總理大臣許景澄，欲倚以為重，乃下座直前握許手，愴然曰：「許景澄，爾在總署有年，熟知洋務，應明白大勢。究竟與各國能否開戰，國命安危，在此一舉，必直言無稍隱諱。」言畢淚下。許亦含涕陳奏，瀝言不宜開釁狀，謂無論是非得失，萬無以一國盡敵諸國之理。兵部侍郎徐用儀、太常寺卿袁昶，皆與許同官總署，均從旁力贊其說。德宗顰蹙以聽，每一語輒一首肯。許益激昂論列，語至痛切，乃相持而泣。惟時王相國王文韶亦主和議，方啟欲有所陳。端以王久在樞府，素被太后信倚，恐意為所奪，即挺身至御座前，戟指向許、袁曰：「請老佛爺觀看，如此情狀，尚復成體統耶？」因厲聲喝令拿下。太后熟視無語。許等愕然卻退，議亦遂散。而次日袁、許、徐竟駢首就戮，今浙中所稱三忠者是也。同時內務府大臣立山亦以通款使館被殺。侍郎張蔭桓已遣戍在新疆，並於此際馳命正法。論者謂皆出端、剛輩矯旨，非上意也。

立為漢軍旗人，本姓楊，久在內府供職，頗有富名。旋以兼任總署，頗好與外人交往，習其儀節，起居服御，皆喜從西式，故為諸親貴所不慊。而以財見妬，尤其致死之一大原因。徐公平日溫溫不露稜角，而此次亦及於難，殊不可測，殆以供職總署之故。蓋匪中凡沾及外交人員，率指為漢奸，不分皂白，殊無可置辯。袁、許、徐三公曾聯署上一疏，語頗切直，或以此觸所忌也。

張公於予有薦主恩，聞之尤為惻然。當主辦日約時，予曾從事左右，相處逾歲。其精強敏贍，殊出意表。在總署多年，尤練達外勢，翁常熟當國時時，倚之直如左右手，凡事必咨而後行，每日手函往復，動至三五次。翁名輩遠在張上，而函中乃署稱「吾兄」、「我兄」，有時竟稱「吾師」，其推崇傾倒，殆已臻於極地。今張氏裒輯此項手札，多至數十巨冊，現尚有八冊存予處，其當時之親密可想。每至晚間，則以專足送一巨封來，凡是日經辦奏疏文牘，均在其內，必一一經其寓目審定，而後發布。張公好為押寶之戲，每晚間飯罷，則招集親知僚幕，圍坐合局，而自為囊主，置匣於案，聽人下注。人占一門，視其內之向背以為勝負。翁宅包封，往往以此時送達。有時寶匣已出，則以手作勢令勿開，即就案角啟封檢閱。封中文件雜沓，多或至數十通。一家人秉燭侍其左，一人自右進濡筆，隨閱隨改，塗抹勾勒，有原稿數千字而僅存百餘字者，亦有添改至數十百字者，如疾風掃葉，頃刻都盡；亟推付左右曰：「開寶開寶。」檢視各注，輸贏出入，仍一一親自核計，錙銖不爽，於適才處分如許大事，似毫不置之胸中。然次日常熟每有手函致謝，謂某事一言破的，某字點鐵成金，感佩之詞，淋漓滿紙。足見其倉猝塗竄，固大有精思偉識，足以決謀定計，絕非草草搪塞者。而當時眾目環視，但見其手揮目送，意到筆隨，毫不覺其有慘淡經營之跡。此真所謂舉重若輕、才大心細者，宜常熟之服膺不置也。

張公得罪之由，曾親為予言之，謂實受李蓮英所中傷。其自英使回國時，曾選購寶石兩枚，預備進奉兩宮。一為紅披霞，一為祖母綠，足充帽準之用。歸國後，乃以紅寶石進之德宗，祖母綠進之太后。論其價格，綠固遠勝於紅也。但通例，京外大員進奉，必經李手，即貢呈皇上物品，亦須先由李呈明太后過目，方始進御。因此率另備一分，為李經進之代價，大抵稍遜於貢品，而相去亦不能過遠。彼時侍郎眷遇方隆，平日高才傲氣，於李殊不甚注意，本已不免介介。此次又無一饋贈，若有意為破成例者，故銜怨至深，而侍郎固未之知也。進呈時，太后方拈視玩弄，意頗歡悅。李特從旁冷語曰：「難為他如此分別得明白，難道咱們這邊就不配用紅的麼？」蓋通俗嫡庶衣飾，以紅綠為區別，正室可被紅裙，而妾媵止能用綠。太后以出身西宮，視此事極為耿耿。一言刺激，適中所忌，不覺老羞成怒，遂赫然變色，立命將兩份貢物，一律發還。此消息既已傳播，當然必有投井下石之人。未幾，即以借款事被參。太后閱奏，立遣緹騎傳問。侍郎方在家居，忽有番校四人，飛騎登門，口稱奉旨傳赴內廷問話，當即敦促起身，乃匆匆冠服上車。兩人騎馬前後，餘兩人露刃跨轅外，一如行刑劊子手即將押赴市曹者。侍郎謂：此時實已魂魄飛失，究竟不知前抵何處。乃番校沿路指示，竟一逕趨向禁城，直至東華門下，始知尚有一度訊問，當不至立赴刑場，然心中忐忑，轉以益甚。下車後仍由番校押導入內，至宮門外，已有兩內監守待。番校前與致詞，一如交割罪犯者。當在階下立候，未幾，傳呼入見。太后盛氣以待，詞色俱厲。至不敢盡情剖白，只有碰頭認罪，自陳奉職無狀，仰懇皇太后、皇上從重治罪，仍摘要勉剖一二語。幸剛中堂在旁，乘間指引開脫曰：「這也無須深辯，現奉皇太后、皇上恩典，你只須有則改之，無則加勉，下去。」予見太后無語，始碰頭逡巡退出。至宮門外，已不見有人監視，隨步行出東華門，覓乘原車還寓。途中神志恍惚，乃如噩夢驚回，天地改色，一天雷雨，幸而無事，居然重見妻孥，此誠意料所不及者。然寸心固怦怦然，針氈芒刺，不如何時可釋也。

侍郎作此語時，固疑朝廷必尚有何等處分。至少亦當革職，然竟別無後命，只得如常入署供職。當時頗有人勸之引退者，侍郎曰：「此當然之事，安俟更計？且吾心已碎，即在職亦何能更有所報稱？但現在尚是待罪之身，萬不敢遽行陳乞，只有徐之時日，或者霆怒稍霽，再當設法緩圖。求進固難，求退亦豈易事耶？」

如是數日，尚無動靜，以為可以漸次消解。乃一日忽下嚴旨：「戶部侍郎張蔭桓著發往新疆效力贖罪。」照例大員得罪發遣，即日須出投城外夕照庵，再候兵部派員押解，向之請數日期限，摒擋行李。侍郎雖揚歷中外，而揮霍亦巨，故殊無甚積蓄，治裝頗拮据。予時已奉補懷來缺，尚未到任，百計張羅，勉集五百金，趕至天津途次，為之餞別。相見慘惻，謂：「君此時亦正須用錢，安有餘力，乃尚顧念及我。」語咽已不復成聲。予欲勉出一言以相慰藉而竟不可得，惟有相對垂淚而已。此情此景，猶在目中，方意侍郎年力未衰，必有賜環之望，乃以拳匪作惡，無端殃及萬里外。命耶？數耶？誠不得而知之矣。

最可異者，侍郎雖身受重戮，而始終未嘗革職，故臨刑時猶被二品官服。聞廷旨到後，相知中致意家屬，有勸其自盡者。侍郎慨然曰：「既奉有明旨，即自盡以後，照章仍須執行斬決。與其二死，孰與一死？大臣為國受法，寧復有所逃避？安心順受，亦正命之一道也。」於此足見其胸襟磊落，難臨守正，不圖苟免，真不愧大臣骨梗。獨念公抱此異才絕識，乘時得位，又得當軸有大力者為之知己，而迄不獲一竟其用，區區以不得於奄豎之故，遂至竄身絕域，投老荒邊，甚乃授首於倉皇亂命之中，若明若昧，同一死難，而迄不得與袁、許諸公，共播芬烈於一時之眾口。蒼蒼者天，何以獨厚之於前，而又重厄之於後耶？當時新撫為饒公應棋，假使稍為負責，緩須臾以察真偽，則拳禍旦夕已定，勢即可以不死。公如不死，則後來和議，必可以大為文忠臂助。既已周悉外情，老成諳練，而又為拳匪所欲殺之人，對於外人，以患難同情之感，其言易入，定能為國家挽回幾許權利。外交人才，如此消乏，而又自戕賊之，長城自壞，其謂之何！爾時公慟私哀，反覆交集，至為之數日不懌。繼又念今日何日，乃係陽九劫運、鈞天帝醉、豺狼狐鬼出沒之時會。此數月中，京直數十州縣，無辜良懦，破家蕩產，慘死於非命者，殆以千百萬計，寧復有是非得失之可言？侍郎亦不過數中之一人，假無出塞之事，亦安知不與袁、許同殉？總之劫數已定，無可倖免，惟有付之太息而已。

亡何，各國軍艦已連翩集大沽，遂環攻我炮臺。津中拳匪欲焚燒紫竹林，洋人守禦甚固，迄不得入。五月十九日，大沽炮臺失陷，津城危急。裕督倉皇不知所措，益專恃拳匪為重。大師兄出入督署，列隊前導，與制軍分庭抗禮。司道以下，皆屏氣伺顏色，祗候惟謹；州縣官途遇，直長跪道左，俟輿過始敢平立，絕不稍一顧盼，其威重如此。一日，忽擁「黃蓮聖母」至督署，前驅先入，傳呼設香案，命制軍如儀跪參。裕督冠服出迓，將如命行禮，匪眾復高呼曰：「止！先取過掩面旗來！」左右乃以龍旗二面交遮掩蔽，始喝贊行三跪叩，蓋仿劇場中穆桂英與楊六郎婦翁相見禮式也。

是時，廷旨以李秉衡督師，扼守京津孔道。李陛辭時，慨然自任，謂：「區區洋兵不足平。」出京之日，人見其以紅布裹首，短衣紅帶，一如大師兄裝束。顧屢戰屢敗，洋兵節節深入，我軍退至楊村河西務，士無鬥志，李遂發憤殉節。裕督由天津逃出，旋亦自盡，死時僅一足著靴，蓋倉皇出走，一靴已跑失也。

先是，直隸提督聶士成，兼統武衛左軍，初受命剿捕拳匪，追蹤逐北，繼復奉命攻剿洋軍，乃回兵迎之，匪眾乘勢擾其後。聶知事不可為，忿然率兵深入敵壘，志在必死。洋兵望見黃馬褂，發炮轟擊，洞胸墜馬死，屍委道旁。數日後，其部下目兵薛保筠冒險入敵圍，負其屍以出。然當時以不愜於端、剛，竟未得褒恤。回鑾後，始下恩命，予諡忠節，於天津建立專祠。厥後其子憲藩，揚歷中外，名位顯達，人皆以為忠義之報。蓋庚子死事大員，疆埸馬革，惟聶公最得其正也。

洋軍已破津沽，京師震動，拳匪潰軍，益散亂無紀。清廷知勢不可抗，復派人與使署通款曲，並饋食物。六月十七，天津失陷。七月己未，各國聯軍進逼京城，分道攻齊化、東直、崇文各門。使館守兵，乘勢潰圍而出，與外軍相響應，教民復爭為嚮導。庚申黎明，遂攻破東華門，長驅入紫禁城，內廷猶不之知。是日適為鎮國公載瀾值宿，聞洋軍已入，始趨入大內，請兩宮速駕避難，於是遂倉皇出走矣。

卷二

當京津騷擾之際，予在懷來，亦正被拳匪所困。先是，直境義和團紛起，懷來毗鄰各邑，亦以次波及。風聲所播，群信為天神下降，到處傳述拳民神技，爭相炫飾，謂能吞刀吐火、呼風喚雨，宛然為封神傳中人物。村閭婦孺咸交口嘖嘖，希得先睹為快。蓋民間感於歷來國恥，及各處教堂教士之蠻橫，排外之心甚熱，亟願得相當機會，合心並力以一雪其夙憤。以故邑中有識士紳，亦洋洋樂道其事。予獨念歷朝往事，遠若如黃巾、米賊，近者如白蓮、天方，決無以異端邪術而能成立大事者。妖風一啟，莠民趨之，將來必至泛濫橫決，不可控制，小則釀地方之患，大且遺邦社之憂。乃極口誡飭士紳，傳諭里保，多方開導，嚴切取締。謂：「現已奉旨明禁，懷來境內，無論何人何地，均不得設有神團壇宇及傳習布煽等事，違者以左道惑眾論，輕則笞責，重則正法。」以此拳壇遍於四鄰，而懷來一縣，尚成淨土，大有平原獨無之象。或有勸予稍委蛇其事以姑徇眾意，而留轉圜之餘地者，予固岸然不顧也。

繼而風靡益甚，境內無賴游手，均汲汲思動。聞某村有一少年，練術已成，神驗大著，所在鄉里，群奉之為大仙。予密囑幹役張元春，設法招致來署。已而，果有鄉民四五人擁之前來。予令引入偏院，挈護勇數名，親往蒞視。見一黃瘦村童，問其姓為郭，問其名為雙桂子，問其生年，止十六歲，殊蠢蠢如鹿豕，而神氣頗傲岸，絕無畏縮態。先向予對面立，即漫然作問曰：「大老爺，傳我何事？」予謂：「聞爾道法高妙，已得神人附體，予特欲一親試驗耳。」曰：「可。」即東向垂手直立，口唇微動，不知作何語；俄而兩頰作顫，面漸青如死灰，雙目直視，悉改常度，忽向後直倒，瞑目挺臥無知覺。予頗皇遽，其人曰：「無慮，此祖師上法時也。」良久，手足徐徐動，兩手作攫拿勢，漸動漸亟，突挺然起立，如植木。復大聲問曰：「爾請我來此何事？」予曰：「聞大仙降臨，法力廣大，深願一得領教。」曰：「可。」聲洪厲，已不似曩時。乃舉手屈伸，移步騰踴，如術家技擊狀；見者謂步武姿勢，確有少林宗法。予令次第改授刀棒，縱橫舞弄，咸呼呼作聲響，中間屢次向予進逼，如鴻門舞劍，意在沛公者。衛兵以槍格之，乃不得前。如是數四，予叱之曰：「止！速為我鎖拿！」吏役以鐵鏈套其項，初猶甚倔強，曰：「爾請我來，胡得如此無禮？」予曰：「我已看爾試驗，實係妖術，上令所禁，於法應懲辦。」即令役牽之出，立坐堂皇。俄頃間，魔法隨解，勇氣驟失。予詰之曰：「爾術何在？」則垂涕曰：「小人初時如夢，今始醒覺，乞恩寬釋，以後不敢更習此矣。」方研訊問，忽堂下喧鬨，有一鄉人喊叫來署，言是此童之父，勢甚洶洶，謂：「吾子何罪？爾等以善意邀請來此，何故妄加訊責，干犯神道？」予惡其強橫。令責四百板，逐之出署，其子亦尋保釋。自此境內肅然，更無敢言義和拳者矣。

未幾，而津、保一帶，拳焰日熾，蔓延及京師，懷來接壤各地，香壇林立。懷人亦汲汲然延頸企望，直有來蘇恐後之情狀。一日，自延慶州突來拳民長幼約二千餘人，強在西關外西園子地方設立拳壇。不數日間，境內已靡然趨之，不可復遏。自士紳以至婦孺，皆拍手頓足，喜邀神貺。予尚欲設法解散，而邑中紳耆，乃至署內胥役，皆竊竊私語，深不韙予所為；即上峰官憲，亦多不以為然。直臬廷雍尤稱予為漢奸，逢人痛詈，謂：「吳令若非曾氏婿，早當立予參劾。」邑紳因相率來署，勸予速弛禁令，並釋拘禁拳民數人，謂：「老父臺兩年以來，於吾懷德惠至厚，吾等恐以此受意外橫禍，失我好官，故不惜苦口相籲，實出一片至誠，別無他意。」如是反覆至三五次，予尚堅執不為動，曰：「此輩終是左道，吾當官而行，依法辦理，有何禍害之足慮？」是時適有親友數人，自京中避難來署，聞知此事，皆頓足相抱怨曰：「書獃子，此何等時勢，君尚欲為強項令，留此禍種以求滅門耶？」予始終與抗辯，諸人皆皇遽失措。無何而奬勵拳民之上諭，已四處張布，並由省轉行到縣。於是邑紳署幕，內外交通，拘禁之人，不得不悉予省釋矣。

越日，聞西園子壇中，拳首已公然號召徒眾，從者雲集。念已奉明令，更無法可禁阻，只得聽之。旋有人來告，謂：「彼眾已相率至署，來意甚不善，務請好言款待，慮人多勢雜，或生事變。」予不得已，乃洞開闔門，冠服出堂上以俟之。俄而拳眾蜂擁至，人數約在三四千以外。前行者八人，自稱為八仙，已至闔下，均止步序立，一一自唱名通報。甲曰：「吾乃漢鍾離大仙是也。」乙繼聲曰：「吾乃張果老大仙是也。」以次序報，如舞臺演戲狀，拐仙並搖兀作跛勢，仙姑則扭捏為婦人態，神氣極可笑。予先問：「諸位大仙降臨何事？」曰：「予等特來拜會。」予始勉與敷衍，眾中似有人呼嚷，請：「此縣官恐是二毛子。吾等須細細審勘。」復有人止之曰：「此事從緩，今日且不必理會，如有怠慢，將來可隨時監察也。」有數人同聲曰：「然。然則爾日後須小心。」支吾一小時間，居然相率退去。此實為予與拳匪交涉之第一幕也。

拳眾去後，予正喜無事，方與幕中諸親友圍坐數述，並研究將來應付之法，忽有人至署，謂請予至壇拈香。商之諸友，皆面面相覷，無可為計。予念我竟不往，不能禁彼之不來，恐一生芥蒂，愈多枝節，不得已即如約前往。眾均為予慄慄然，然迄無術可以相卻。或勸多帶護兵，予曰：「盡吾署止二十人，以一敵百猶不足，徒增猜嫌，無益於事。」乃挈護兵六名，家丁二人，騎而行。既至壇所，見係一古廟，門外已遍紮天棚，極高敞，氣象赫奕。拳民紛紛如蟻聚。既聞予至，則眾中分闢一道，兩旁擁立如對仗，中間僅容一人。護兵已被格不得入，予乃挈家丁及禮房書吏一人，步行至棚內。中設香案，眾吼令行禮。予向上仰視，見所供為關聖，乃肅立致敬，曰：「關聖係國家崇祀正神，分當行禮。」即呼禮書，命唱贊三跪九叩。禮畢，旁一人格不令起，曰：「此縣官是否二毛子，須先焚表請神示。」左立者乃取黃紙一張，就燭然之。蓋彼中實以此法定神判，凡被嫌之人，均押至神前，如法勘驗。如紙灰上升，可判無罪；灰不揚者即為有罪，或立致之死。其實彼輩固別有詭法，可以任意為之也。然所爇紙灰竟不起，但聞眾中哄然曰：「嘻！二毛子，神判定矣，當速斬。」一人曰：「吾知爾心中素不信服我等，故神降爾罰，到此處絲毫不能枉縱，不似爾等做官，可以胡塗判斷也。」予曰：「斷罪當以事實為憑，心中云云，安得為罪？假令我謂爾心中如何如何，試問爾將以何法自明？我今已至此，寧復畏一死？但戕殺命官，事非小可，便與謀反無異，朝廷必有極嚴重之法令，大則屠城，小則滅族，恐爾等擔受不起耳。」眾聞予言，似已心怯，右一人復作排解語曰：「師兄，他一向迷誤，也須此刻可一回轉過來，何妨再試一番？」左者曰：「師兄言之有理，就請再試。」右者復取一黃紙燒之，灰將燼，忽從掌上騰起，其人曰：「果然，他已明白矣！」然未及尺許，仍沉沉下墜。左者曰：「如何？畢竟他心中還是迷惑不定，拿不穩主意，如此定靠他不得，不如依法斬了為是。」兩人正相持間，似有人言：「且送他上大殿焚表，再行判斷。」言已，眾即擁予至後殿，則一人揚盾努目，當庭作跨馬勢。手張一黃緞三角旗，作火焰邊，旂上書「聖旨」二字，右手持竿，左手搴旗角。如戲劇中馬後旗弁。眾復促予行禮，予曰：「對聖旨行禮，宜也。」復命書吏唱禮，三跪九叩如儀。其人突揮手作勢，將旗一捲，植竿於火爐中，不作一語。眾又擁予至前庭，謂將正式談判。予見庭中置一方桌，上設兩座，左右兩行，分排座位十數，予即手撮一椅，擲之於旁，移一椅當中，自據坐之。眾相顧錯愕，然亦不相阻格，竟各自逡巡就坐。近案者八人，左右各四，首與身上，皆紅布結束，想係壇中頭目。次座十餘人，則腰束一紅帶，率皆就地士紳，彼中謂之香客，殆非彼團中人而受其延致者。予坐定審視，不覺毛戴。蓋此八頭目中，其一曾充予護勇，被責革退者；一曾充本縣油行牙紀，亦以頂名朋充被革；另一人則曾以犯案受枷責示眾。三恨同仇，相逢狹路，念今日禍且不測，然已無可如何。想果死於此，亦係前冤夙定；一轉念間，氣反為之加旺。視列座皆嘿嘿無語。良久，左座一人忽面目抽掣，欠伸起立，曰：「吾乃漢鍾離大仙是也，不知縣太爺駕到，未能遠迎，面前恕罪。」語甫竟，右座一人亦如法起立，曰：「吾乃呂洞賓是也。」左者即向之拱揖，曰：「師兄駕到，有失遠迎，恕罪。」右者亦拱手曰：「候駕來遲，恕罪請坐。」左者復曰：「師兄在此，那有小仙坐位？」右者曰：「同是仙家一脈，不得過謙。」左者曰：「如此一旁坐下。」裝腔弄態，全是戲場科白，幾欲為之捧腹。予亟揮手示意，曰：「止，止，我先有話請教。我知鍾離大仙乃是呂洞賓之老師父，豈有師父向徒弟如此卑謙之理？」鍾離以手執大羽扇，指余厲聲曰：「縣太爺乃是凡人，那知我仙家道理！我今須要審問爾三條大罪。」予曰：「不知何罪，倒要請教。」曰：「本團為國出力，爾為國家官吏，乃到境以來，絲毫未有幫助，嗣經紳士往說，乃竟硃書一條，上寫銀十兩。我等何人，豈受賞字！況此區區之數，何足重輕。此爾之大罪一。不幫助尚是小事，乃反多方禁遏，撓阻忠義，此爾之大罪二。凌虐我團中信徒，侮慢神使，此爾之大罪三。這三項大罪，證據確鑿，看爾如何辯答？」予行時幸攜有《京報》二冊，載禁止拳民之上諭，一載弛禁獎勵之諭。因摹仿彼等動作，當時即起立抗聲曰：「本縣係遵奉聖旨辦事，何得為罪？現有憑證在此。」即從袖中取出一冊，兩手祇捧，大聲宣告曰：「聖旨下，跪聽宣讀。」眾愕然相視，不跪亦不語。予朗讀一通，曰：「爾等當已明白。如此煌煌聖旨，令我禁止拿辦，我安得不遵奉？」曰：「這聖旨安知非爾假造？」予曰：「嘻，這更奇怪，你看此是黃面刻本，從京發到省，省發到縣，難道我一時間可以刊印出來？況假傳聖旨，何等重罪，我想有此膽量？」呂仙從旁駁難曰：「既有聖旨拿辦，你何以後來又不拿不辦，反將已辦之人釋放？這明明看我等勢頭已大，故爾翻身討好，難道又不要遵奉了麼？」予曰：「不拿不辦，也是遵奉聖旨辦理的，現又有證可憑。」當從袖中另出一冊，捧之宣告曰：「聖旨下，爾等跪聽。」復如文朗讀一通。呂仙曰：「既係聖旨，何以為此要禁，後又不禁，出乎爾，反乎爾，是何道理？」予曰：「此則須問皇上，與我無干。依我想來，或因從前未有實驗，不敢放心，故要禁止；近來看得團中弟兄們確是忠心為國，所以又加奬勵。皇帝為萬民之主，威福本可從心。只看戲文上，古來忠臣義士，忽而問罪抄家，忽而封侯拜將，前後反覆。都是常有之事。我輩做官，只有奉令而行，豈敢向皇上根究道理？我今有話在此，諸大仙如果能打退洋兵，保護皇上，那時奏凱回來，我當跪於道左，香花迎接。如徒恃人眾，欺凌地方長官，我縱為爾等戕害，亦不心服；王法具在，終必有百倍抵償之一日也。」

言至此，兩人似皆語塞，彼此愕顧，若更欲求一言詰難而不可得。方在支吾對付間，忽見萬頭波動，有一人以兩手捧股，從眾中琅蹌叫喊而上，曰：「好，好，縣太爺在此，今日必弗令輕脫，吾股上四百板花尚在，須請大家算賬也。」視之，則郭雙桂子之父，前因其子被逮，咆哮公堂，曾被笞責者。一波未平，一波又起，心中亦不覺為之趯趯。幸賴旁坐諸紳士從中護助，群合詞起呵喝，謂：「此地無爾講話分，不得無禮，速退！速退！」此人乃竟嘿然而止，抱頭鼠竄，縮入人叢中。一場囉唣，遂得無形消解。蓋是時雖甚擾亂，而紳士猶為人所信服，此亦難得之事也。

此時鍾、呂兩仙尚念念有詞，予亦未辨何語。忽呂仙接座之一人突挺身起立，頤頰顫動，兩手飛舞作勢，似氣力甚堅勁，口吃吃不能遽發聲；良久，始噤齘作語曰：「吾吾乃關聖。」此語一出，座中咸戰慄失色，堂上堂下，悉匍匐伏地，叩頭如搗蒜，口中齊聲高呼：「請大聖回駕。」連疊不止。其人支撐數四，似氣力漸懈，亦遂頹然就座，默無聲息矣。

該團中既供奉關帝為主神，乃對之悚懼如此，殊不可解。事後詢究，蓋謂關帝大駕不易下降，降則稍失誠敬必罹重譴，受禍至不測，故不敢當此大神也。爾時雖已退神無事，然諸眾猶惘相對，如失魂魄。紳士中有以目示意者，予遂乘間告辭，謂須回署勾當公事。彼眾均愕眙相顧，似一時不得主張；予即離座前行，亦迄不加阻止。兩紳士翼予至門首，門間十數人左右立，阻之以肘，予努力格之而出。兩旁擁立者似不肯讓道，故橫肱鼓腹以相挺撞，然亦無直截阻攔者，予竟從眾中分道，直抵棚外。護兵已控騎相待，立上馬急馳。去壇稍遠，氣始為之略舒。不意甫及西關門，復有人從後奔至急呼曰：「請縣臺在西關艾家店等候，大師兄尚有話，且勿遽回衙署。」予一時莫測來意，殊周張無計，然不得不勉從所請。候至日入，竟無消息，計不復再候。正傳呼導從，將欲上馬，則又有一人續至。謂：「今日無事，請縣臺返署可也。」歸途中不勝憤懣，念此行真可謂投身虎穴。在當時已將生死置之度外，亦殊無甚畏怯，事後追思，反不覺怦然心動也。

縣署東南，有法國教堂一所，甚宏麗，教士人等，早皆已逃避出城，麇聚於距城七十里之雙樹村，築壘堅守，堂中空無一人。予甫自艾家店回署，拳眾數千即尾隨入城，環繞教堂縱火焚燒，但聞牆傾棟折及群眾歡噪之聲，如波翻潮湧。（凡拳匪焚燒教堂或民房時，在場觀者，無論男女老幼，皆令環跪，同聲大叫「燒燒燒，殺殺殺」，呼聲震天，助其逆勢。有不從者，則指爲二毛子，頃刻剁成肉糜。）俄傾煙焰漲天，火星飛入縣署，予頓足忿嘆，無可如何。家人咸誡予毋作此態，恐師兄聞之，指為反對，將有不利也。方煩灼間，有紳士請見，謂師兄有言，請縣長捐助香火銀若干，即可贖罪。予曰：「予有何罪當贖？且囊無一錢，奈何？」諸紳曰：「願效奔走。」有頃，各攜銀錢袋入署，有數十金者，有百餘金者，合夥並計，已湊成五百兩。蓋縣城向無錢莊銀號，惟有糧食店數家兼代兌換，或由當鋪通融，始得此數，誠非易易。予曰：「承諸君善意，任自為之，吾不問也。」諸紳乃相率同去，俄頃復返，將原銀如數退還，謂師兄言縣官尚清廉，吾知此銀全係借來，不必收受，因此故得珠還云云。予一笑謝之，諸紳遂欣然分攜銀袋而去。此一日間事，又算僥倖結束矣。

無幾時，城內復另設神壇一處，云係從西關壇中分派而出者。大抵以在壇頭目互有權利衝突，不能相容，因憤裂他出，自謀獨樹一幟。從此懷來境內更添一阱。一之為甚而有再，哀我懷民，其何以堪！然此時魔勢方盛，官力至薄，已無法可以干涉，只有空呼負負而已。

兩壇分立以後，各自招集教徒，分樹權勢，幾於無事不相角競。地方人民介在兩暴之間，左右支應，動招疑忌，受累因之益甚。幸一切爭執皆由紳士從中排解，一無所賴於予，而雙方又皆有利予為助之希望，暫不欲與予結惡，予轉因此以紓其禍。經過一再爭搏交涉，似乎地盤分配較有眉目，遂亦稍稍相安。然暗中之蠻觸鬥爭，固未嘗一日或息，而以予為彼中注矢之的，又兩壇所共同一致者。特區區官府之名義，尚未完全消滅，彼此皆略有顧忌，均不欲首先發難，獨負其責耳。

懷城西北隅有一白衣庵，乃古剎也。地殊幽靜，住持某僧亦頗有戒行。署中幕友輩暇則前往遊覽，藉消塵俗。一日，予姊丈繆君石逸赴寺茗談，偶述及拳事，某僧顰蹙曰：「阿彌陀佛，此輩號稱義民，而比來行徑乃復如此，直與盜匪無異，尚安望成事？縣官真明見，先時禁止拿辦，眾意尚不謂然，不意遺禍至此。如今吾邑人當已感悟，然縣官因此受累已不淺，好官誠不易為哉！」言下嘆息，誦佛不止。石逸回署，晚飯時偶為予述之。次日早晨，即聞拳匪數千人圍繞該寺，將某僧捆曳而出，無可加罪，則曰：「此白蓮教徒黨也。」竟積薪焚之，厥狀甚慘。人人咸知其冤，而莫敢一言。匪焰之凶毒如此。

拳匪以銜憾未泄，意猶不釋，時時欲與予為難，吹毛索垢，無孔不入，情狀殊極鬼蜮。一日，城外西園子拳眾數千人忽又哄至堂下，謂將焚燒公署。予不得已出門外諭解之，則見署之頭門後戶，皆已樹有紅旗，上書「南方丙丁火」字樣，相戒以午正舉火。方糾葛間，城內壇上之大師兄亦以此時來署，佯作善意，謂特來排解。予深悉其詭譎，任其如何巧弄，均堅詞婉拒，不為所動。彼乃怫然大怒，厲聲曰：「這真不知好歹，我不管了！」即率其眾呼嘯去。予獨與西園拳首交涉，反覆勸阻，謂爾等皆予部民、懷來好百姓，若有事理，盡可商量評論，何用如此擾擾。其中一人即大聲直前曰：「咄！這都是二毛子口吻，至今日尚如此託大，乃居然視我等為爾部民耶？來，來，你且仔細睜著眼，試看我頭上何物？」予果就視之，乃剪成洋鐵一片，朱書一「佛」字，縫之首帕。即自指其額曰：「老佛爺見了，也要下跪，小小知縣官算個什麼！這署非焚毀不可。弟兄們，齊心聽令！」予亦大聲詔之曰：「縣官即不德，罪只在予一身，今可聽爾等處置，何至怒及衙署？即令爾等能平盡洋人，我國內總不能不有官府；既有官府，即不能無署衙。此好好的懷來縣署，若將來須要重新建造，在勢必須請動公款，當然要將此番事實說明。彼時皇上問是何故焚燒衙門，誰人為首，誰人起意，定有承當其罪者，於我固無與也。況戕殺官長，即是謀反大逆，是何等情罪，吾前已屢言之。若加以毀署，則罪上加罪，將來如何辦理，更不可以測度。恐至少亦須有數千百人按法償抵，其中難免有爾等之親戚故舊同時被累。大兵一至，玉石不分，後悔寧復可及？我今日尚忝為懷來父母官，相處兩年有餘，對於懷來民眾，皆有手足骨肉之誼，良心所在，總不忍不將此中利害向爾等預為宣說耳。」彼聞語似覺氣沮。為首一人，故以兩手遮目。向天空左右望，旋顧其侶曰：「師兄。時候未到，尚須改日辦理，我輩且回，好歹逃不了掌握也。」遂亦呼嘯一聲，揚長而去。此一絕大難關，又獲平安度過。殊意料所不及也。

有一次，最為棘手，蓋夢想不到之意外事故，突然而來，撲朔迷離，令人莫可捉搦，則真無法應付矣。先是拳匪初起時，京畿各縣，懷來以外，惟署定興令羅君正鈞與予主張相同，亦一律嚴禁拳壇，緝拿懲辦。拳民固銜之至切。而廷臬恨彼，亦正與予相同。羅君負文名，有政聲，曾致書於予，盛稱予之明識，且痛詆拳匪，謂將來必召大禍。此書不知何時為署中人所洩漏，乃益為拳眾切齒。從此凡予往來信札，暗中均被檢閱，而予固絕未之知。予有至友會稽陶君杏南，名大鈞，時充總理衙門同文館東文教習，予頻與通音問，率多感憤時事、詆議拳禍之語。每去信，則專遣馬勇一人，入都投遞。一次予遣專勇帶信，行至居庸關，拳眾搜檢行李，此函竟被發見。彼仍縱勇入都，而將此函寄交懷來匪首，請其查究。一日早間，突有拳目多人，簇擁來署，要予出見問話。予一出闔門，為首者即厲聲曰：「爾平日每飾言不反對我等，今真憑實證已落我手，看爾尚有何法抵賴？」予茫然不知所答。因詢問何事。彼即以此函擲之予前，曰：「此非爾親筆耶？其中所作何語，請爾自宣讀。」予一見此函，不覺驚異失措，念只有矢口推諉之一法，即佯作不解，曰：「嘻，此函何來？何為牽涉及我？我絕未嘗作此函，亦並不知此事。」既而作猛省狀，曰：「是矣，此必有奸人造作誣陷，欲害我以並害爾等，萬萬不可輕信，墮其術中。假令我存心反對爾等，則必有何種計議之事實。空空寫此一函，說幾句廢話，有何作用？」其人曰：「爾之親筆，何人可以假造？」予指函示之曰：「此安云我親筆？你看絲毫不類，且上面又無印信圖記。如此空函，任是何人，皆可假冒，安能作據？如不信，可當面核對筆跡，若果相同，願甘倍罰。」予深料彼等必無鑒別筆跡之能力，故敢大膽言之。旁一人攙言曰：「彼存心反對我等，為日已久，不定尚有何種圖謀。我想此等筆札，必不止此一件，今日必得認真搜查，以免抵賴。」語至此，一人忽出一剪就紙人，長五寸許，上用墨畫眉目衣摺，擐甲執戈。如戲劇中武士裝束，卻自腰截為兩段，揚言曰：「我等昨夜巡邏街道，於燈影下忽見二人前行，步履甚急，如畏追捕者。我即奮力追上，舉刀橫斬之，其人即倒地不見。以火燭之，地上惟有此紙人，已成兩截矣。當經歸壇焚香叩祝，懇請神示，適奉洪鈞老祖降臨，判明真狀，謂係爾容留白蓮教徒在此，與妖作怪，欲與我等為難。怪道昨有輜重車一輛，從京來此，直達縣署，其中有四箱紙人紙馬及草豆等物，同來之人，皆有妖術，盡能剪草作械，撒豆成兵。是爾反狀已實，不能不趁此徹底查究。」予亟應之曰：「如此極好。請速速檢查。我署中如搜得一紙一字與此相同，及有紙人紙馬可作證據者，悉聽憑爾等處置，刀鋸鼎鑊，一無所悔。」其人曰：「爾即有之，難道不能銷毀耶？」予曰：「我事前並未知爾等來此，當然無有預備，若令銷毀，必在此一頃刻間，無論如何，定有殘灰冷屑，消滅不盡之痕迹。請速進內一勘，如有絲毫灰跡，不論何等文件，均可認作憑證，一樣認罰。若過此以後，便不能無端誣衊，橫加纏擾。爾自受人愚弄，欲陷爾眾於戕官謀反之大罪，尚不自知省悟，轉來向我叨絮耶？」彼等聞予措詞堅決，似覺理直氣壯，心無虛怯，因而對於此函亦不免發生疑案，覺予所言云云，實有理致。至紙人草豆，明是彼等所捏造，自更不敢堅持。來時凶焰，不覺徐徐斂息。一人即作收帆語曰：「爾誠善辯，但早晚必有真確證據，便爾不能置口。師兄們且先回壇，姑再放他一次，改日再來問訊可也。」此一度絕是險境，又幸以數語得解，則尤出意外矣。

越日，馬勇自京回，始知陶杏南因曾留學日本，已被步軍統領莊親王部下逮捕下獄。微聞初被收時，有一六品頂戴校尉坐堂審訊，突然問曰：「賠款二萬萬與日本，汝與翁同龢、張蔭桓等分了多少？從實招來。」陶曰：「此話從何說起！我不過一翻譯耳，安能經手賠款？請明察云云。」此人卒亦未加刑訊，入獄後亦未上刑具。傳聞為拳匪捉拿羈押者，殆不下百餘人。此函即不被截搜，到京亦無從投遞，或且招意外枝節。禍中福，福中禍，固皆不能預測也。後洋兵入都，陶君始得出獄，被拘已六旬有餘矣。日人甚重陶君品學，故此次惟日兵所住界內，諸人皆獲安堵，實陶君從中斡旋疏瀹之力為多云。

予在拳匪巢窟中，凡無理取鬧之事，殆亡慮數十百起，細瑣口舌，幾於無日不有。三番四疊，而卒獲苟免者，亦幸賴兩年來孜孜兀兀，小心求治，不苛斂，不濫刑，寬厚待人，平恕折獄，與地方紳民尚無惡感，懷來百姓頗謬稱為好官。以是拳眾雖挾有積嫌，而牽於懷人公論，尚不敢無端加害。無形之中，實賴士紳維護之力。若平日稍有徇私枉法，結怨百姓，則區區一身早已成為齏粉。亂世為吏，險矣哉！

自京津構戰，我軍迭遭敗衄，潰兵紛紛竄入懷境。拳團亦頗知儆懼，則謀攖城為固守計。東南各門，悉以土石填塞，獨留向西門通出入，派有多人在此，專司盤詰。匪眾皆以紅布帕首，登城守望。予恐為潰兵所見，致遭攻劫，殃及城民，迭令紳商勸阻，迄無效果。以後消息日急，彼中丁壯，皆以搜查二毛子為名，分向各山鄉搜括隱匿，止留老弱殘餘，在城防守。匪勢因之日殺，予亦稍稍得安靜。但各門堵塞如故，出入仍不得自由。匪特於城上為懸筐，凡有往來文件，則投之筐中，縋而出入。各地來文，必先經彼查勘無礙，始行轉送來署，發行文書亦然。故予在此數十日間，直如困守圍，內外隔絕，終日坐井觀天，殊不稔外間大勢作何景象也。

最後尚發生一極大難題，無法可解，直可謂陷於絕地。蓋是時廷雍已勾結拳匪頭目，力擠藩司廷傑而代其位。廷藩去任時，竟有拳匪多人擁伺堂下，甫出闔門，即被攔截。有兩人持長刀逕出左右，向前直劈，廷公為之目眩魂失。刀光過處，嘎然一聲，雙槓齊斷，肩輿立時頓地。廷公幾倒仆輿外，幸為手板所格；然板亦隨斷，兩手腕均受傷。旋從輿中橫曳而出，厲聲呵叱曰：「咄咄，你這二毛子官，現已犯罪削職，看饒得性命，已是非常造化。爾尚配裝腔作架，用此輿從耶？」左右衛從，立時奔散。廷不得已，隻身步行踉蹌出城外，僕役均遙遙隨護之。出城後始稍稍聚集，摒擋就道。沿途經過拳壇關卡，節節阻難，所至輒令跪伏神前，焚表勘驗，一如予在西關壇中領略情狀，而橫暴加甚。蓋予當時尚有就地紳士為之護符，膽力差壯；彼則孤身獨客，舉目無依，情狀更難堪也。自保定至京師。三程之路，凡歷十餘日而後得達。隨身行李衣服，掠奪俱盡，抵京郊僅存一身，面目都失，狼狽殆無人色。聞皆由廷雍從中嗾使，故有意凌辱之。兩人蓄怨至久，當不止於一言一事，但初因予事發生齟齬。宵人乘間挑撥，因而愈結愈深。釁由我啟，思之不無耿耿；顧區區口角微嫌，乃至如此相報，居心亦太酷矣！

廷雍既已窘廷藩，黜羅令，獨予尚安然無患，彼意中當然未釋。但革我無罪，撤我無名，且僅止於革撤，猶不足以塞其意。揣彼之心，實欲置我於必死之地，而又不甚顯露痕跡。蓋因予有曾宅關係，勛門至戚，不欲間接結怨也。彼前已一再昌言之，所以窺及彼隱。然因此之故，轉覺一時擺布，亦頗不易。彼乃別出心機，忽然下檄，以予與威縣對調。蓋是時署威縣者為孫毓琇，係李秉衡之婿，李方以倚重拳匪得柄用，廷欲迎合李意，故特以懷來調劑之。威縣遼僻，而懷來近地較完善也。孫分可以來，而予勢不能往。一以結李之歡，一以置予於毒，一舉兩得，而表面上又無絲毫可議，其用意可謂至巧。予念威縣去懷來千餘里，群盜載途，如何可達？況予素為拳匪所蓄憾，所以幸免於難者，半藉懷來紳耆之調護，半亦以地方官長名義所在，不能不有所瞻顧也。若一旦卸篆，則自彼視之即為平民，便無所用其顧忌。行則重關列卡，到處堪虞，恐未至居庸，即已遭其毒手；留則旅寄孤懸，居停何恃，即偶資託庇，亦難倚以久安。何況幕僚親舊，相依尚有多人，書簏衣籠，身外不無長物。際連天之烽火，還鄉里莫定平安；掠遍地之荊榛，望京邑亦難遽達。仕與止兩無長策，去與留悉蹈危機。前顧無涯，四方靡騁，真成日暮途窮之景象。現狀已成險境，離此一步，恐欲求現狀而不可能。但孫君出谷遷喬，其來必速。新任一至，勢不能不立予交代，絕不容有紆迴計較之餘地。論官場通習，雖已奉有明檄，第須斡旋得法，亦未嘗不可轉敗為功，因禍成福；但予初無此種長技，況現在暗中勁敵，實為廷雍，肘腋之下，東西南北，舉不能出其掌握。彼既蓄心死我，寧復有術自全？沉思至此，但覺肝腸百結，寸寸皆成錮窒。除聽天任運，坐待變割外，別無他法。兼以悶守空衙，群狼環伺，耳目閉塞，絕不知闔門以外作何動靜。近慮目前之險，遠思來日之難，每誦蘇子瞻「夢繞雲山心似鹿，魂飛湯火命如雞」之句，此身飄飄然，直覺釜底游魚，煎糜即在旦夕。不意絕處逢生，忽有兩宮鸞到之一幕，霎時間天旋地轉，又別開一世界。雖後來之遭際不知何似，而就此一時境地論，則真可謂太陽一照，萬煞全消；八面羅網，同時並脫矣。

卷三

七月二十三日，天色陰晦。𨳝外間都無消息，沉悶殊不可耐。長日與署中幕僚親友。楚囚共對，氣象陰慘，昏昏然不知身在何等境界。視日已向暮，則促具晚餐，計惟得舉酒澆愁，暫圖一時暝醉。忽由匪處送一急牒至，謂係緊要公文，心即為之躍躍不止，念此時必無好消息。旋由家人呈遞，第見粗紙一團，無封無面，已縐如破絮，乃起向案角仔細平熨，彷彿為一橫單。就燈下視之，上有字跡數行，其式如左：

皇太后

皇上

滿漢全席一桌

慶王
禮王
端正
各一品鍋
肅王
那王
瀾公爺
澤公爺
定公爺
肅貝子
倫貝子
振大爺
軍機大臣
剛中堂
各一品鍋

趙大人
英大人年
神機營　各一品鍋
虎神營
隨駕官員軍兵，不知多少，應多備食物糧草。

光緒二十六年七月二十二日

年月上蓋用延慶州州印。始知延慶州帶印公出，兩宮聖駕在岔道住宿，離懷境只數十里。於是闔署惶駭，不知所出。幕友並疑為偽，惟予詳認字跡，確為知州秦奎良親筆，於理不得有誤。或謂即使真為御駕，此山谷荒城，何法辦此大差？不如置之不理，聽其自去。既無正式上官命令，亂離倉猝中，諒亦不至為罪。供應而不如意，勢且受不測嚴譴，豈非自取其咎？或且有勸予棄官逃避者。倉皇聚訟，莫衷一是。予躊躇再四，念身為守土官吏，親食其祿，焉有遭逢君上患難而以途人視之者？禍福固不可測，然盡吾職而得禍，於心無尤；即巧避而幸全，返之吾心，終覺惻惻不安。惟有悉吾力所及以為之，前途禍福，只得聽之氣數。於是乃決計迎駕，不復反顧矣。

過。彼輩皆恨拳匪切齒，倘見紅布蒙首，誤為拳匪，或以大炮轟擊，城民又實無捍禦之具，豈不危險？予雖深慮及此，然無法禁止。予有一侄在署，延博野諸生某君課讀，某君自言：「與拳民大師兄某為同鄉，當往說之，使其率眾下城。」予曰：「甚善。」有頃，倉皇返署。神色沮喪，言頃往見其頭目，甫啟齒，匪首即怒詈曰：「此二毛子說客，速開刀勿輕縱。」即有數人將其捆縛，反接兩手，捽令長跪，乃叩頭哀求，久之始釋云云。因怒目向予，謂：「今日為君故，幾不保性命。實堪忿嘆！」予再三慰藉，猶悻悻不已。予姊夫江陰繆石逸延福，適於前月避難來署，予即請其多書「堯天舜日」等頌揚朱聯。西關有行臺一所，本為大員往來過境公館，即預備於此為行宮，連夜糊壁粘聯，懸燈結綵，掃除陳設，粗有可觀。一面飛請本城官紳籌商一切，因請諸紳傳諭居民商肆，相與協力為助。諸紳突聞駕至，皆相顧錯愕，不敢發一語，予好慰之曰：「無庸。第囑本城居民，將存貯食料出其二分之一，多製備食物、米飯、蒸饃、烙餅、稀粥等事，多多益善，或能佐以蔬乾鹽菜尤佳。所需價額，將來均由縣負責償給，決不相累。」則皆哄然應曰：「如此易辦，決當遵命。但拳民頑梗，不可理喻，恐父臺不能出城，將如之何？」予曰：「是無慮。予為守土官，奉旨迎駕，非出不可。彼輩向自稱義民，今御蹕將臨而不允吾出，是反也。懲治反賊，吾自有嚴法，更何所顧忌？」時署中募有馬勇二十名，裝械整飭，頗勇敢能效命。予因傳隊目至，當眾下令曰：「爾等明日以八人隨我迎駕，可整槍實彈，逕由西門出。有敢阻遏者，即發槍射擊，格殺弗論，予自負其責。」隊目唯唯聽令。予因商之諸同寅，教官丞簿咸在座。予曰：「吾明日拂曉即出城，諸門已堵，此時即開塞搬運亦不及，只得迂道出西門。但東門當輦道，不能更煩鑾輿環繞。請諸君立即掘去土囊，洞開城門；並以堵城之土，將街心積潦填平。扈駕大兵且至，如有人出頭違抗，必殺毋赦。」諸人均承諾退去。正忙亂間，忽見所遣廚役踉蹌而前，血淋淋滿襟袖，謂「所攜餚核，係雇兩驢馱載出城，僅二三里許，即被游勇掠去兩驢，食物悉棄於地，並刃傷右臂，因不得前往云云。」一念無可如何，姑且置之。縣城向無豬肉鋪，予乃命廚夫屠豕三頭，除治辦筵席外，別以大鍋三口，爛煮雜膾蔬肉。擾擾終夕，部署粗定，而東方已白矣。

予先室曾夫人，於前一年己亥小除日逝世，未有子女。是時尚未續娶，惟予姊及姊丈適以前月來署；尚有一嫂一侄，亦從在署中，餘則只幕客數人。及京官舊友之避難來署者，此外別無眷屬。只得托姊丈代為主持照料。並借用民房、鋪戶、廟宇，囑為布置掃除，以備王公大臣及隨扈官吏公館。予旋自行檢點各事，碌碌竟夜。拂曉，即挈馬勇八人，策馬逕向西門而行。顧當時拳匪間諜，遍佈於吾左右，一言一動，無不向外報告，予先夜令馬勇所言云云，彼等俱已周悉，因竟不敢相阻。而道中紅布狼藉滿地，蓋已聞官兵將至，恐受屠戮，故汲汲扯脫拋棄也。

出城八九里間，忽大雨如注，淋漓遍體。予尚衣補服。幸攜有紫呢外罩，即披之於外，加油兜於涼冠。冒雨競行。道本沮洳，至是益泥濘不可放馬足；又風吹濕衣，寒冷徹骨髓；顛播瑟縮，困頓殆不可言狀。幸俄頃而雨止，適見近面有一馱轎，迤邐而來，一騎為前導。予不知何人，即弛油兜外罩，駐馬道左以候之。俄而至近，前騎即高聲問曰：「來者其懷來縣耶？」予應之曰：「然。」曰：「此即軍機趙大人。」而輿行已至身畔，予方擬下馬，趙公即搴簾止之，問：「前去有無館舍。」予曰：「大人公館，謹已有預備，惟得信倉猝，恐不及周至。」曰：「有舍即可，兩宮饑寒已兩日夜，情狀極困苦。洋兵打入紫禁城，勢不能不走。汝但竭力供億，使兩宮暫得安適，庶稍蘇積困也。大駕隨後且到，可即前行迎駕，吾無多言矣。」

已正，抵榆林堡，則居民逃徙已盡，街市列屋盡閉，寂然無人煙。尋至站所，僅有管驛家丁董福一人尚留守未去。問以所事，曰：「全堡已空，稍有餘物，亦為兵匪掠盡，更無法可搜集。驛馬但有老羸者五匹，餘皆為亂兵掠去。此堡只有騾馬店三處，今擇其較宏整者，備聖駕小憩。几椅鋪墊，夾板門簾，朱拓字畫，均略有陳設。本令每店各煮綠豆小米粥一大鍋，乃兩店之粥，已為諸軍吏卒掠奪一空。此店之粥亦幾被攫食，再三央告，謂此係預備御用，始獲保存，現所餘者止此矣。」予曰：「現在已無他術，惟力保此鍋，勿再被劫為要。」因自坐店門石墩上，命馬勇荷槍侍立，遂無人敢入店。

俄見肅親王乘馬先至，予都中舊識也。一見即向予致語曰：「皇太后乘延慶州肩輿，其後馱轎四乘，皇上與倫貝子共一乘，次皇后，次大阿哥，次總管太監李蓮英，各坐一乘。接駕報名時，俟四人轎及第一乘馱轎入門，即可起立。」予唯唯謹記。旋見導騎十餘，馳騁而來，前騎傳呼駕到。遙見四人舁藍呢大轎前行，將至店門，予跪唱：「懷來縣知縣臣吳永跪接皇太后聖駕。」接連一馱轎，見其中對坐二人，復高唱：「懷來縣知縣臣吳永跪接皇上聖駕。」報名畢，即起，仍坐門外石上候命。復見雙單套騾車七八輛，則瑾妃及慶王兩女，與宮女、女僕，各項首領太監，皆陸續入店門。其扈蹕王公軍校，悉散立街衢或在店鋪門外，騎步兵卒約數百人，紛錯不整。悉現饑疲之狀，蓋已狼狽數日矣。

紛擾略定，忽一太監出門外，大呼曰：「誰是懷來縣知縣？」睅目皤腹，聲銳而厲，彷彿如演法門寺。後知此太監為崔玉桂，當時為二總管，後代李蓮英為總管者也。

予因起立自認。彼復厲聲曰：「上邊叫起，隨我走！」予見其來勢洶洶，意或有譴責，因私叩以上意吉凶。曰：「這哪知道，且碰你造化。」徑以手挾予腕而行，入院至正房門外聲報。始搴簾令入。其室為兩明一暗，正中設方案，左右列二椅，太后布衣椎髻，坐右椅上。予即跪報履歷，並免冠叩頭。太后先問姓名，予如問奏答。又問：「旗人？漢人？」予奏言：「漢人。」問：「何省？」曰：「浙江。」又問：「爾名是何永字？」予倉卒更不記他語，因信口作答曰：「長樂永康之永。」曰：「哦，是水字加一點耶？」予應聲稱是。復問：「是何班次，何時到任？」予一一陳奏。曰：「到任幾年？」曰：「三年矣。」問：「縣城離此多遠？」予答謂二十五里。曰：「一切供應有無預備？」予謹奏曰：「已敬謹預備，惟昨晚方始得信，實不及周至，無任惶恐。」曰：「好，有預備即得。」言至此，忽放聲大哭，曰：「予與皇帝連日歷行數百里。竟不見一百姓，官吏更絕跡無睹。今至爾懷來縣，爾尚衣冠來此迎駕，可稱我之忠臣。我不料大局壞到如此。我今見爾，猶不失地方官禮數，難道本朝江山尚獲安全無恙耶？」聲甚哀惻，予亦不覺隨之痛哭。太后哭罷，復自訴沿途苦況，謂「連日奔走，又不得飲食，即冷且餓。途中口渴，命太監取水，有井矣而無汲器，或井內浮有人頭，不得已，採秫秸桿與皇帝共嚼，略得漿汁，即以解渴。昨夜我與皇帝僅得一板凳，相與貼背共坐，仰望達旦。曉間寒氣凜冽，森森入毛髮，殊不可耐。爾試看我已完全成一鄉姥姥，即皇帝亦甚辛苦。今至此已兩日不得食，腹餒殊甚，此間曾否備有食物？」予曰：「本已謹備餚席，但為潰兵所掠；尚煮有小米綠豆粥三鍋，預備隨從尖點，亦為彼等掠食其二。今只餘一鍋，恐粗糲不敢上進。」曰：「有小米粥，甚好，甚好，可速進。患難之中得此已足，寧復較量美惡？」忽曰：「爾當叩見皇帝。」因顧李監曰：「蓮英，爾速引之見皇帝。」時皇上方立於近左空椅之旁，身穿半舊元色細行湖縐綿袍，寬襟大袖，上無外褂，腰無束帶，髮長至逾寸，蓬首垢面。憔悴已極。予隨依式跪叩，皇上無語，乃仍還跪太后前。復問數語，曰：「予今已累，爾亦可下去休息。」予即退出，至西廂房，隨將小米粥送入。內監復出索箸，倉卒竟不可得。幸隨身佩帶小刀牙筷，遂取箸拂拭呈進。顧餘人不能遍及，太后命折秫秸梗為之。俄聞內中爭歠豆粥，唼喋有聲，似得之甚甘者。少頃，李蓮英出，就予語，詞色甚和緩，翹拇指示予曰：「爾甚好，老佛爺甚歡喜，爾用心伺候，必有好處。」復謂：「老佛爺甚想食雞卵，能否取辦？」予曰：「此間已久無居人，安所得此？然姑且求之。」李曰：「好，好，爾用心承應，能討老佛爺喜歡，必不吃虧。」予乃出至市中，入一空肆，親自尋覓，最後抽一櫥屜，內竟有五卵，得之乃如拱璧。顧從人皆已四散照料，苦無法可熟，不得已，即於西廂自行吹火勺水，得一空釜煮之。繼更覓得一粗碗，佐以食鹽一撮，捧交內監呈進。俄而李監復出，曰：「老佛爺很受用，適所進五卵，竟食其三；餘二枚，賞與萬歲爺，諸人皆不得沾及。此好消息也。但適間老佛爺甚想水煙，尚能覓得紙吹否？」予思此又一枯窘題，忽憶及身邊尚藏有粗紙數帖，勉強可用，乃就西廂窗板上自行搓捲。輾轉良久，止得完好紙吹五支，隨以上供。不數分鐘，太后已搴簾出廊下，手攜水煙袋，自點自吸；已得飽食後，神態似覺稍閒整。顧予在右廂廊間，復令就近與語。予不得已即於院內泥濘中跪聽。先絮絮問瑣事，因言：「此行匆促，竟未攜帶衣服，頗感寒冷，能否設法預備？」予奏謂：「臣妻已故，奩具箱篋均存寄京寓，署中無女眷，惟臣母尚有遺衣數襲，現在任所，恐粗陋不足用。」曰：「能暖體即可。但皇帝衣亦單薄，格格們皆只隨身一衣，能為多備幾件尤佳。」予奏答：「臣回署當檢點呈進。」曰：「爾可先回去料理，予與皇帝即將啟行矣。」予奏：「臣候叩送聖駕即行。」太后曰：「我乘延慶州轎子，輿夫已疲勞，此處能換夫否？」予奏曰：「臣已預備齊楚。」太后曰：「延慶轎夫倒甚好，所換之夫，不知能否勝任如前？」曰：「皆係官夫，向來伺應往來差事，當不至於貽誤。」李監從旁接語曰：「人家伺候大人們不知多少，豈有不會抬轎之理？」語畢，予即退出。太后顧諸左右曰：「吳永他是漢人，卻甚知道禮數。」李監又攙言曰：「人家做官多少年，難道此區區禮數都不懂得，還配辦事麼？」

既而傳呼起鑾，太后乘予所備之轎，皇上即乘延慶州轎。予在門外報名跪送畢，即上馬由間道飛馳回縣。途經村落數處，不見一人。道旁民舍，皆為潰兵游匪毀壞，門窗戶壁，幾無一家完整，甚有被宰雞豕尚未烹食者，縱橫地上，為鴉犬爭食。荒涼慘淡，目不忍睹，但已無法顧注。迄到縣城，則東門果已洞開，蓋守城拳匪，先已聞訊逃匿。兩旁居民店肆，悉閉戶蟄伏不敢出。予念此象不妥，即傳諭各家居民，一律啟戶，於門外擺設香案，有燈彩者懸之，無則用紅紙張貼，謂駕到時盡可於門外跪看，但勿嘩動。於是始爭與收拾布置。予先至行宮查看，陳設亦頗楚楚。未幾，即有前站內監乘馬先至。予引視各住房，一一周閱，似已甚滿意，謂予曰：「咱們今日已算是到地頭了。」「到地頭」云云，猶言「到了家」也。

少時，鑾駕已至，予復如式跪迎。兩宮先後降輿入內，旋即叫起入見。太后頗以溫語相慰勞，謂：「很難為你辦理。」予退出後，即馳回本署，督促供應。隨扈官兵，皆陸續到縣，斗大山城，在坑在谷，一時填塞俱滿。據辦事人報告，始知此次隨駕同行者，除前單所列外，尚有博公、定公、工部侍郎溥興及各部司員數人。予所通姓字者：提督馬玉昆、學士王垿、軍機章京鮑心增字潤漪、來秀字樂三、文徵字子成，及涂元甫農部國盛、袁季九駕部玉錫，其他皆不相識。扈從兵士，為神機、虎神兩營，其餘尚有武衛軍，顧皆零落散漫無統紀，蹩躠而行，餒憊不支，惟肆強掠。道遇車馬，即捽其人於路旁，牽其車馬以去，雖京外官吏亦鮮有倖免。以此，凡沿官道各村莊，居人皆逃徙一空。兵卒搜括財物，雞犬不留；主將雖三令五申，迄無法可以禁止。旋奉諭：除神機、虎神兩營外，所有各軍悉歸馬玉昆統率。號令歸一，比較當稍有秩序矣。

予匆匆到署，即啟篋檢衣服，惟得先生母柯太夫人呢夾襖一件，尚覺完整，即以此件預備進奉太后；又檢得缺襟大袖江綢馬褂、藍縐夾衫長袍各一件，擬進奉皇上。惟兩格格衣服，無相稱者。繼思旗籍婦女可通用男子衣，乃以予自用綢縐線夾春紗長衫數件，拉雜湊置，並為一包，當即馳赴宮內呈送。予姊逝世，姊夫繆石逸新續娶，有鏡奩一具。予取以進奉，梳蓖脂粉悉具。於是太后始得櫛沐妝飾。少間復傳起入見，則太后及皇上均已將予所進衣服更換，威儀稍整；兩格格亦穿予長衫，佇立門外閒看，不復如前狼狽矣。

予旋向各處館舍巡視一周，就便問各官起居，頗尚周貼。惟沿途所見兵士，不免紛擾。復回宮門，晚間入見，陳明兵士不戢狀。太后亦顰蹙，言：「此輩甚可恨。予於途中已飭馬玉昆嚴辦，正法至百數十人，均令梟首居庸關，乃尚不能禁止。但今可授爾旨，見有搶掠兵士，不問屬於何軍，准即就地正法可也。」予是夜往來照料，蹀躞無停趾，直至四鼓，始還署假寐。

次日拂曉，即整衣出署。帶至街口，瞥見一群兵士方劫掠一典肆。肆夥跪訴道左，乞為作主。予隨從有馬勇六人，立喝令拿辦，謂：「聖駕在此，爾等乃敢白日行劫！予已奉太后旨意，得就地處置。」當場拿獲六人，悉有贓物，因立命斬決，典肆近西門，肆前有「騰蛟起鳳」牌坊，即將首級梟示坊柱。見者慄然，自此稍為安戢。

連日據鄉民報告，各方潰兵到處擄掠牲畜騾馬，日至十數起。北地農民，全以騾馬耕作，如被擄掠，則來春懷來人民皆無法耕種，遺患非細。但非有兵力，不能禁止，且在此百忙之中，又何法可以兼顧？徬徨搔首，殊焦急不得策。繼思馬玉昆現統禁兵，只有與彼商之。因急馳往馬處，告之以故，請為懷民造福。馬曰：「事固應辦，但懷境如此遼闊，安能處處派兵守護？」予曰：「否。彼等搶掠牲口，皆須擕往他處販賣。本縣之七里橋，實為其出境總路，軍門但於此處派兵駐紮，見無鞍轡騾馬，便是從鄉間擄掠而來，可以嚴加盤詰，如訊問得實，即予截留，並將游兵嚴辦數人，此風即可遏止。」馬曰：「如此甚易。」當即調兵一哨，駐紮七里橋。一二日間，盤獲騾馬至八十餘匹，就地正法十數人，搶風頓息。馬當選去好馬四匹，餘悉送至縣署，曰：「此君治下物，依法當統歸地方存案，吾特向君乞此，聊作惠贈，何如？」予曰：「如此，懷民受賜已至厚；此區區者，又何足言？」馬欣然感謝不止。

是日，復至宮門外請安叫起，因奏明此事，太后甚為嘉許。奉諭：「予與皇帝駐蹕在此，城內外不許有槍聲。下令後如再有人放槍，可即擒拿處斬。我尚擬再住一日，一切供支，汝可量力為之。汝亦須少為將息，毋過勞苦」云云。體恤如此，予不覺為之感泣。予昨在榆林驛，晤甘肅藩司岑春煊亦以隨扈來此。接談之下，見其激昂慷慨，忠勇奮發，心頗非常引契。蓋岑本在甘藩任內，聞聯軍入都，自請帶兵勤王。甘督陶公模知其人躁妄喜事，意不謂然；而以其名義正大，不便阻遏。因撥步兵三營，每營約四百餘人，騎兵三旗，每旗二百餘人，合計不過二千餘人，並給以餉銀五萬兩。本因先行就道，自草地經張家口馳騎入都。前過懷來，予曾謁見共談，為之供應夫馬。陛見時，太后問：「帶兵若干？」以如數對。太后覺事近兒戲，意殊不懌，問：「兵在何處？」曰：「尚在途中。」因有詔令其辦理察哈爾防堵事宜，著折回張家口迎候來兵，即於該處駐紮，備俄人侵入，蓋聊以藉此安頓也。岑因逗留京中，適數日而兩宮出狩，乃即隨後追趕，至延慶始遇騎兵，遂率以扈駕，因而至此。予當日謁見剛、趙兩軍機，方於坑上對坐，偶言及岑事，兩公對之均不滿。趙且作鄙夷語曰：「嘻，連彼亦需爾供應耶？爾此山僻小縣，焉得有如許閒飯，供此不急之人？」予謂：「彼以扈駕來此，當然不能不一律招待。」曰：「彼奉旨防堵張家口，何得擅行至此？彼乃敢違奉上旨，何須置理。」予是時意殊為岑不平，但亦不便頂駁，隨即告退。趙尚書復呼予婉告曰：「我尚與爾商量一事。今當發廷寄，但軍機大臣印信尚未攜帶，擬借爾縣印一用何如？」予未及對，剛中堂忽攙言曰：「此事我頗不以為然。向來借印，須平行衙門，乃合體制，縣印似大不稱。」趙艴然曰：「老頭，此何等時勢，有縣印可借已是萬幸，尚欲講體制耶？爾且須知在此道路中，任何部院關防印信，恐都不及懷來縣印之有價值。若必欲平行印，則莊親王現帶有步軍統領印信，可以借用。但八百里加緊文書，恐郵卒視為不足輕重，轉致遲誤。」即顧予曰：「漁川，爾弗聽老頭言，儘管辦去。」予曰：「文書封面，均有印成字樣，恐不合用，只有白紙稟封，如何？」曰：「可。」予即回署，即稟封十枚印就，親自送交。趙公已將寄山、陝兩省巡撫廷寄辦好，立即封固，令鮑章京填寫官銜年月，交予發遞。予即返署遴選良馬，派精壯驛夫，飛馬馳遞。旋有神機營官長蘇魯岱來署會晤，言：「兵丁餓不得食，務求籌款散放以濟眉急，此係奉端王諭，務請閣下設法，切毋延諉。」予不名一錢，亟請城紳郭應斗等數人聚議，仍向各糧店湊借。蘇君坐客次守候良久，郭紳等還，言已挪借紋銀千兩。將銀交蘇君，分發神機、虎神兩營各五百兩。

正欲出署，忽報王中堂到。予出至大堂，見有單套騾車一輛，甫在堂上停歇，就近詢問，知為大軍機王公文韶與其公子稚夔京卿同坐而來，因當時不及隨駕，今日始行趕上。予即趨前迎候，謂「中堂公館，業已預備。」曰：「予困疲已甚，即擬借爾署中安息，不願他往矣。」予曰：「署中恐太逼仄，奈何？」曰：「不拘何地，但有房一間，一几一榻足矣。」予不得已，即騰出籤押房對面南房三間，請其遷入，復親過房中，照看一周。王公饑甚，急索食。署中廚夫俱四出供役，予嫂自入廚房炊飯，煎雞卵數枚，及泡菜等二三味，草草供饋。盛飯一竹籃，蓋食器亦罄矣。王公父子，食之至甘。食竟，即就榻安息。知予將往宮門，語予曰：「煩爾代我陳奏，謂予已到此，今日過疲頓，已不克赴宮門請起，當以明早趨直也。」予已出門外，復呼告之曰：「尚有一語，煩爾奏明，謂軍機大臣印信業已攜帶在此，至要至要。」予曰：「然則甚佳，今日剛、趙兩軍機正為此事抬槓也。」予遂亟往見剛、趙兩公，告以王中堂已至縣署安息，二公均甚喜慰。

兩日以來，此荒城僻縣中，千乘萬騎，貴要雲集，奔走伺應，幾無一刻寧息。宮門傳呼叫起，日必三數次，真可謂疲於奔命。而隨扈軍士、宮監數千百人，日需供給，數尤不貲。自沿城十里以內，蔬菜、牲畜、糧食、草秣，悉索已盡，顧尚不聞有啟蹕期限，私心焦急，殆不可名狀。蓋兩宮在此，猶有徘徊觀望之意，冀就近可得都中消息，或交涉得當，尚可中道折回也。

至第三日，則供應食物已漸形支絀。前兩日鄉民進城，蔬菜以至日用百物，大筐小筥，相屬不絕，屯集街市如山積。至本日則驟覺稀少，覓鄉擔已不可得；城中居民蓋藏亦多半出供官需。因予自始即定以平價和買，絲毫不加科派，故民間均願極力相助，集成吾事。彼亦幸藉此以消通滯鬻，因之踴躍輸送，絕無居奇隱匿之弊，數日中賴以不匱。然再駐數日，則不免情見勢絀矣。有艾監生者，回回教人，在西關開旅店，平素好干涉訟事，予傳案戒責而斥革之。是日，予照料差事，行過彼店，見其短衣磅礴，方俯身自鍘馬草。予呼之曰：「艾君，不懷舊怨耶？」艾仰首見予，即肅然致敬曰：「父臺責我，公事也；然居官廉正，我豈能以私害公？今大駕猝臨，役夫奔走不暇，我亦大清子民，部下百姓，分當竭奉上之力，區區效此微勞，何足介意？」予聞之，頗加獎敬。以此見關外民風淳樸，猶存古意也。是日見剛中堂，頗蹙額代為擔慮，曰：「如此小縣，安能任萬乘供應？一駐再駐，尚不言啟行，獨不為東道留餘地耶？」至午後，始聞定以次日啟蹕，予心為之稍紓。然念如許王公貴監，來時草草，到此後均須加飭行事，此一番支應，定非小可。但無可如何，只得急急八面張羅，儘力籌備一切，以能勉強對付，恭送出境為畢事。大駕一刻在境，仔肩未卸，終不免為之惴惴也。

下午，復叫起入宮，太后詢行駕部署，予一一奏答，為之頷首者再。既而諸王公、貝子，紛紛向予索馬。縣中舊有驛馬，已多數被掠，幸前日於七里橋盤獲騾馬數十四，尚可抵應，竟為索借幾盡。從駕親貴數十人，輿者，馬者，夫役者，擾擾竟夕，幸得敷衍完事，可喜也。日來勞頓已甚，嗓音頓啞，兩髀腫脹。足幾不得舉。懷城街道，向以大鵝卵石填砌，油滑犖确，礙步殊甚。兩日中碌碌奔走，視靴頭已洞穿兩孔，幾見趾踵，苦況略可知矣。

傍晚間，忽自宮內傳旨，由軍機處交到字條一紙，上開：「本日奉上諭，吳永著辦理前路糧臺。」大恩所壓，錯愕幾不知所出。一身之事，捐糜頂踵，且不暇計；顧念此全城生靈，若大駕啟行，予亦同時隨往，地方善後，無人負責，潰兵游匪，勢必同時麇集，且慮拳匪聚眾報復，蹂躪將無完土，予何以對此懷民？因亟赴宮門，擬見李蓮英，請其代為陳奏，值其已睡不果。又往見肅邸及倫貝子，求為設法辭卸。肅邸頗疑予別有用意，一似不願為國效力者，言語之間，頗有皮裡陽秋。予再三陳辨，彼又疑予繫戀官缺，乃作奚落聲曰：「嘻嘻，畢竟是州縣大老爺，滋味固如此濃摯哉！此出自上旨，在我又安能為？」堅辭不管。予不得已，復請見端邸，陳達理由。端邸曰：「我尚思保奏汝，何為反自推諉退避耶？」語次，似甚詫異者。乃又求之王中堂，中堂亦謂：「既有明旨，只可遵奉。」予復力陳地方為難情形，反覆再三，至於涕泣。中堂始微哂曰：「漁川，爾真為此耶？只此固甚易處置，但往商之馬玉昆，請彼留一營在此鎮攝，即無事矣。」蓋諸公俱疑予意圖規避，而特借地方為飾詞，似天下決無真為百姓計較之官者。予當時官場之閱歷太淺，以為為地方利害起見，情切理正，定當易邀垂恤，而不知反以此見疑也。予無可如何，只得就馬公商之。馬已就枕，予即立床次與語，馬因披衣起坐。予反覆祈懇，請救此一城生靈，並言：「伙食供給，均可就地方籌辦。」馬竟慨然允諾，曰：「聶軍門殘部，現均歸我統率，原有馬隊三十營，現當尚有十七八營，雖皆零落不足額。約計一營尚有百數十人，防守懷來已足矣。」即傳呼中軍官，立召旗牌，由枕上授以令箭，命星夜飛調某營來懷。予並與約，明日俟聖駕啟鑾後，再行入城。幸接洽就緒，予始放心回署。草率辦裝，神魄散亂，殊恍惚不知措手。念署中率無多眷屬，孤身獨客，行止初無大牽率，惟尚有嫂、侄及親戚、幕客數人與京官舊友之避地於此者。不能不稍謀安頓。因於市肆借得百金，酌量分贐，並各為商定行止。時予尚未有兒女，署中止從子宗熙一人。有執帖家丁劉福，尚忠實可倚，予因向之長跪，含淚相托曰：「予兄弟數人，止共此一絲血脈，宗祐所寄，今以累爾矣。予此去孤身遠役，前途禍福不可測。爾幸念數年推解之誼，照看吾侄，必毋使失所。異日幸平安復相見，當不相負。」劉亦跪泣曰：「老爺盡忠保主，前程遠大，但安心首途。小人盡綿力所及，雖至行乞，誓奉伺侄少爺，決不相離棄。」予遂與嫂氏痛哭訣別，同時並委典史暫攝縣事，略與諸同寅紳士商洽城守事項，告以向馬軍請兵保護情形，諸紳皆大欣感。諸事既畢，予即以次日早晨，挈同姊丈繆石逸隨扈就道。凡聖駕駐懷共三日，此為七月二十四日也。

二十五日，黎明啟蹕。予跪送後，即乘馬先行，另雇一雙套騾車，稍載行李，在後相隨。甫出西關城外，馬軍門所派留懷防守之馬隊營長即於此處伺候，向予致敬行禮。予告以與城紳商妥供應各事，慰托數語，匆匆道別。數里外適及馬軍門，乃連騎同行，因就馬上互談。又行數里，忽見岔道上有兵士一人躍馬前來，手上更牽騾馬五六匹，將至近處，似逡巡不即前。予詳細審視，因指請軍門曰：「彼與所乘馬均無鞍韉，而滿身泥滓，是皆農家物，來者殆非正道。」軍門即令截留詰訊，果支吾不能對，因飭衛兵驅之前行。軍門手執一拂塵，即揚之當鞭，躍馬疾馳，轉過山麓，晌已不見。予隨後趲行，不久至一小村集，見軍門所乘馬繫於路側，因亦下馬入村。軍門方跨坐沿街門外，見予至起立，以拂上指，曰：「已遵示辦理，可銷差矣。」予隨所指視之，則赫然一簇新頭顱，梟示竿上，鮮血猶滴瀝不已。俯視道左，則無頭屍委地上；審其年貌，大約不過二十許，身穿軍衣，而符號已扯去，不知屬何隊伍，右臂上尚環有唪珠一串，想亦偶從他處掠得，決非專心念佛之人。予念此錚錚壯年男子，竟死於予一言之下，未免嗒然自悔。但又念彼掠得如許牲口，行劫必非一次，被害之家，不知凡幾；如不置於法，不知尚須遺害若干人，且難保無姦淫焚殺之事。使先後片刻，即可逍遙自在，乃無端巧遇，遂罹於法，就中若有神鬼驅使之者。天網恢恢，疏而不漏，偶然假手於我，殆非我所能自主也。

又行十餘里，至土木驛，離懷來縣城已三十里。此處本有驛馬，悉為潰兵劫掠。居民均竄山谷中，堡內人煙斷絕，惟備茶尖。宣化鎮何乘鰲帶馬隊來此接駕，與之相晤。又二十里至沙城，駐蹕。此地有巡檢司，尚屬懷境。予先已派人在此置備，以佛寺為行宮，俗呼東大寺，頗宏敞，勉強足安頓。予以在縣中連日承應，勞頓已極；伺兩宮已入行幄，部署初定，覓得一荒寺，於階上獨坐小憩。忽有各王公府箭手及諸色太監勒索車輛馬匹，京官亦有陸續趕到者，皆紛索供應。正擾擾間，又有武衛左軍多人，直前圍逼，問予索糧餉麩料，曰：「爾係糧臺，分當供給軍需，豈能任意推諉！」眾口喧呶，舉槍揚刃，其勢甚洶洶。予憤不可遏，乃挺身告之曰：「爾輩皆食國家厚餉，今外兵一至，乃無一人抵禦，致令聖駕蒙塵，顛沛至此，尚忍作此態耶？予受命未一日，又新從奔走至此，百凡未及布置，將從何處得餉？今於惟有孑然一身，臠割咀嚼，一聽爾等所欲，餉銀則分文無有。」鬱氣坌涌，因不覺據地閉目，放聲痛哭，良久啟視，則彼等竟已不知何時相率引去，不留一人矣。

是役幸得以一哭解圍，然予念身無一文之餉，手無一旅之兵，來日方長。何堪受此纏擾？私計岑春煊現攜有餉銀五萬，略可任暫時支應，且彼帶有步騎兵隊，彈壓亦較得力。觀其人似任俠有義氣，不如以督辦讓之，而吾為之會辦，相與協力從事，於公於私，均有裨益。然此情將以何法上達，得邀俞允？遂往見莊親王，告之以故，請其挈予面奏。顧曉聒許久，彼竟茫然不省，曰：「我記不起許多這外官規矩，乃如此麻煩，我帶爾同往，爾自陳奏可也。」即攜予同入。至東大寺行宮，由內監通報。須臾，李監自角門出，低聲問曰：「此時尚須請起耶？」莊邸曰：「他有事面奏。」

曰：「然則我為爾通報。」須臾叫起，太后立於佛殿正廊，皇上立於偏左。莊邸即前奏曰：「吳永有事陳奏。」即回顧曰：「你說。」予奏曰：「蒙恩派臣為行在前路糧臺，本應竭犬馬之勞。惟臣官僅知縣，向各省藩司行文催餉，於體制諸多不便，即發放官軍糧餉，布發文告，亦多為難之處。現有甘肅藩司岑春煊，率領馬步旗營，隨駕北行。該藩司官職較崇，向各省行文催餉，係屬平行。可否抑懇明降諭旨，派岑春煊督辦糧臺，臣請改作會辦。所有行宮一切事務，臣即可專力伺候。不致有誤要差。」時太后方吸水煙，沉思良久，曰：「爾這主意很好，明晨即下旨意。」當諭莊邸先退，太后復諭曰：「此次差事，真難為你，辦得很好。汝甚忠心，不日即有恩典。我於外間情形，知之甚悉，皇帝性情亦好，差事如此為難，斷不致有所挑剔，汝可放心，無須憂急。」予免冠叩首，不禁感激流涕，又諭曰：「爾之廚子周福，很會烹調，方才所食扯麵條甚佳，炒肉絲亦甚得味。我意欲攜之隨行，不知汝願意否？」予對曰：「廚夫賤役，蒙恩提拔，不惟該廚役得有造化，即臣亦倍增光寵。」太后甚悅。有頃退出。傍晚至宮門，有內監告予，謂周廚已賞六品頂戴，供職御膳房矣。然當晚間予即無從覓食，乃至巡檢署覓吳少尹，為備餐饌，勉強得一飽。

二十六日，在沙城。晨起召見軍機，即降旨：派岑春煊督辦前路糧臺，吳永、俞啟元，均著會辦前路糧臺。予方喜可以分卸重責，詎以此事大為軍機所不愜。是日，駐蹕宣化所屬之雞鳴驛，王中堂呼予往見，即詬曰：「爾保岑三為督辦，亦須向我等商量，乃逕自陳奏耶？此人苗性尚未退淨，如何能幹此正事？將來不知鬧出幾多笑話，爾自受累。爾引鬼入宅，以後任何糾結，萬勿向我央告，我決不過問。」予聞語愕然。噫，少年魯莽，輕信寡慮，至以此開罪於軍機，不意以後沿途轇葛，及一生蹭蹬，乃均坐此一事。此亦命宮磨蠍，數有前定，本無所用其追悔；然掘坎自埋，由今回憶，可恨尤可笑也。

俞字夢丹，為湘撫俞廉三之子。俞中丞乃剛中堂之門生，夢丹與剛子狎近，每日上道，均隨剛之左右。剛因乘間為之奏請賞一差事，遂亦派為會辦。於是隨扈糧臺乃有一督辦、二會辦矣。方在沙城將啟鑾時，天甫向明，在行宮門前，岑一見予即相詬怨曰：「謝爾厚意，乃以此破砂鍋向我頭上套，令我無辜受累。」其實彼固十分欣願，求之而不得者，只以出於我所保奏，似乎貶損身分，且恐向之市恩，故佯為不悅以示意。以後乃節節與我為難，不德而怨報之，洵始料所不及也。是日，口北道鍾小舫觀察、宣化縣陳立齋大令，均來此迎駕。

二十七日，辰刻啟鑾，三十里至響水驛茶尖，又行三十里至宣化府駐蹕。是日奉旨，直隸懷來縣知縣吳永，著以知府留於原省候補，先換頂戴。

二十八日，仍駐宣化。奉旨：在任候補知府直隸宣化縣知縣陳本，著以道府交軍機處存記。蓋剛中堂所保奏也。

二十九日，仍駐宣化。予具折謝恩，蒙召見，皇太后諭曰：「汝忠心且有才幹，將來定當大用，望好為國家效力。」予叩頭謝。復諭：「爾以後如有所見，或有重大事宜，准爾專折具奏。」言次並為述及義和團亂事始末暨出宮情形，揮淚不止。予亦不覺愴然涕下也。

三十日，仍駐宣化。予上折條陳十事：一，請下罪己詔；二，請派王公大臣留京，辦理善後事宜；三，隨扈京宮，請酌給津貼；四，請刊行在朝報，俾天下知乘輿所在；五，隨扈各軍，請飭編補足額，恪定軍紀；六，各省義和團餘眾，請飭疆臣酌量分別剿辦解散；七，請飭各督撫宣諭逃匿教民，各歸鄉里；八，請飭各省將應解京餉核定成數，分別解送行在戶部，以濟要需；九，請飭京外大臣遴保通達時務人才，破格任用，並注意出洋留學生，量才登進，俾得循途自效，免致自投他國，有楚材晉用之誚；十，聖駕經過，沿途十里以內，請豁免本年丁糧。奉諭：交軍機大臣商酌採用，請旨施行。

八月初一日，啟蹕。予以滯下，請假二天，即往宣化署中。時慶邸尚留懷來俟進止，其餘王公大臣，皆扈從西行矣。

初三日，予尚住宣化。慶邸亦自懷來至宣，予往謁之。適瀾公自行在奉旨，傳命慶邸回京與各國議和，遂折回都中。

初四日，予自宣啟行，至懷安縣境住宿。

初五日，抵懷安縣。

初六日，抵天鎮縣，自此已入山西大同境。

初七日，至陽高縣。

初八日至聚樂堡。沿途情狀，甚為荒涼，受兵士蹂躪尤甚。馬金敘之兵最無紀律，到處掠詐。居民徙避一空，至不得宿食處，往往於道旁空舍，自謀炊飯。

初九日，抵大同始及車駕，當詣宮門銷假，自此仍隨扈同行。途中聞洋兵入都後，不久即陷保定。廷雍時兼護北洋大臣，為洋人拿獲，凌辱備至，旋即斬首梟示。封疆大吏，外人竟任意戕殺，殊可憤懣。然一追數廷雍罪惡，實可謂死有餘辜，國法不能治而假手外人，轉足令人意快。廷雍去位時，彼唆弄拳匪，極意挫折，曾不數月而身受慘戮，更甚於廷傑，天道好還，倍稱為報，在彼殊無足深惜，特國家體面為之掃地，滋可恨耳。拳禍初作時，桐城吳摯甫先生方主講保定蓮池書院，頗為彼所敬禮。先生曾一再作書，為之痛陳利害，曉以大勢，謂：「亂民邪匪，不可姑縱，教士教民，不可輕殺，釁端一起，必致始禍國家。」反覆累數千言，詞甚剴切。廷雍非但不聽，而且以此致憾於先生，欲設計中傷之。幸以先生之道德清望，不能為害，然其毒亦已甚矣。

十一日，宿代嶽鎮。

十三，過雁門關。

十四，至崞縣，宿原平鎮。是日於途中過一小村落，予偶下車散步，見道左一馬甲，倚槍而立。見予漸行至近，忽向予肅立致敬曰：「吳大老爺你好！尚認識我否？」予視之茫然不能答。徐又曰：「上年為某寺產業一案，我曾到過臺下，多承大老爺恩典，今不省記耶？」予仔細回想，果有此一案。先是懷來鄉間有一古寺，寺產甚饒沃，住持某僧，素無戒行，多淫縱不法，然頗交通聲氣，結納縣胥豪猾。以此歷任均與通款曲，乃益驕奢無忌，倚勢橫鄉里，鄉人恨之刺骨，而莫可誰何。予到縣後，亦屢次夤緣入謁。予以僧人無故投謁，必非守分之徒，因擯斥不理。被害鄉民聞此消息，乃先後列狀呈控。予詳細訪查，盡得其實。念該僧如此不法，而至於無人敢發，實以財多勢集之故。僧人分在清修，何須厚產。會該鄉創辦學校而絕於款項，乃判將該寺產業二分之一撥充學校管理生息，充作基本，當經通詳各憲批准定案。乃該僧意猶不服，潛遣人赴京運動。突有大起輿馬，自都來懷，氣象煊赫，先投西關客店住宿。為首一人，自稱奉王府使命，來此勾當公事，清查某寺莊產。當時有人來報，予即疑為贗鼎，飭役偵查回報。謂：「看其起居儀從，確是貴人氣概，似不類作偽者。」予曰：「姑聽之，留心伺察可也。」次日，居然以「愚弟」帖來署投謁。予出接見，則被三品冠服，隨從七八輩，皆行裝冠帶，異常整肅。儼然貴倨，昂然直入，一揖就坐。予未及詢來意，彼即斂容作態曰：「貴縣辦事，殊未免過於糊塗草率，如何擅將王府莊產任意改撥？王爺非常震怒，特命兄弟前來查辦此事。請問貴縣究竟據何理由，乃如此冒昧？」予曰：「敝縣並無改撥王府莊田之事，老兄此言何來？」曰：「某寺田產，實係王府莊產，委託該寺代管者，現聞已撥充某校，何得謂無此事？」予曰：「王府莊產，糧稅雖不由本縣經徵，然本縣皆另有檔冊，與民產劃然不相牽混。此次所撥某寺產業，均經逐一查明，鱗冊契據，絲毫不能有誤，且王府莊田亦從無託人代管之辦法，老兄恐未免有所誤會，或聽該寺和尚一面之詞，受其哀求懇託，因而為之出面干涉。既老兄遠道來此，如不礙法律之事，未嘗不可通融辦理，但此案業已通詳確定，不能挽回，尚請老兄原諒，不必過問為是。」彼乃向予張目曰：「擅撥王府莊產，如此抵搪數語，難道就算了結，有這樣便宜事體耶？兄弟特為查究此事而來，教回去如何銷差覆命？」予曰：「老兄既奉王府使命，究竟是何王府所派？持有何種憑證？不妨請出研究。」彼愈哮怒曰：「我是禮王府所派，難道王府還圖賴他人不成？我是王府之人，親身來此，這還算不得憑證，更要何種憑證耶？」

予察其詞遁，來意已得八九，然詳察其人，似尚有相當身分，殊不欲與之破面，但以婉語勸其勿妄干涉。彼以予為有所畏懾，乃益作種種大言以相恫嚇，予悉置不理。彼即怫怒起立，昂然竟去，曰：「我看你這事辦不了，將來莫要後悔！」予但笑而不應，隨後即派役前往該客店監視行動，並通知該店，謂：「茶飯可以供給，但有意外需求弗任意應之，恐將來枉受賠累也。」次日據報：該住店人等，已悉數預備他去。予曰：「聽之。彼如藉此收帆，亦省一事。」乃數日後，又聞全班回店，云係從某寺清查莊產而回。次日，復來署拜會，一見即盛氣相向曰：「我已都查問明白，老兄對於此事，畢竟有無辦法？」予曰：「我言已盡於先，究竟尊意何在？」曰：「別無他說，只將各產歸還王府，待我回過王爺，也或可將就罷結。」予曰：「此事斷不能辦。我已通詳各憲，無論但憑閣下空言，即使實在錯誤，亦須稟請各大憲主持，不能隨便撥還。」曰：「這有王府作主，難道院司還敢干涉？你但認得制臺、藩臺，竟不認得王府麼？」予曰：「當然。本縣受督撫層憲管屬，當然惟院司之命是聽。即王府有甚交涉，也須行文總督，以次行司下府，層遞到縣。王府雖尊貴，卻不能直接向本縣指揮命令。」彼哮怒乃不可遏，曰：「該寺受王府委託，現有和尚在此，可以作證。」予曰：「和尚何在？」曰：「同來在大堂外。」予曰：「然則甚佳。」當即傳呼縣役，曰：「現在大堂外有某寺和尚一名，速為我鎖拿聽訊。」彼益拍案頓足曰：

「此是我王府之人，豈能由你拿辦？」予曰：「本縣只認得他是和尚，認不得是王府，此地亦非爾咆哮之所。」彼乃直起向外，一路怒詈而去。予隨後立出硃票，著將該店所住人等，一起押傳來署，聽候發落。俄而，二十餘人悉數到署。予於大堂正中供設萬歲牌，西向設公座，先傳為首者問話。彼到堂上，初尚倔強，予叱之跪，彼曰：「我是太祖高皇帝的子孫，何得向爾作跪？」予曰：「我不要你跪，這法堂便是太祖高皇帝的法堂，你向上看，你便向太祖高皇帝作跪。你既稱宗室，難道不知朝廷法令耶？」彼見予詞色嚴重，意氣驟斂，向予請安小語曰：「請縣臺稍留世職面子。」予曰：「這法堂之上，說不到『面子』二字。跪下！」彼無法，只得下跪。予曰：「本縣今日須先審問爾之來歷。你如果是宗室，你知道宗室私自出京，是何等罪名？依法便須交宗人府訊問，至少亦須革職，永遠監禁高牆。況爾尚有包攬詞訟、訛詐官府一段情節，罪狀尤為重大。若實在不是宗室，則你是假冒宗室職官，朋通訛詐，本縣便依處治游棍法律懲辦。你今兩罪必居其一，如好好從實供招，或者尚有通融餘地；若再支吾捏飾，本縣立刻將爾收禁，通詳請示，依法辦理。」彼乃叩頭認罪，一一吐實。原來確係一黃帶四品宗室，襲封輔國將軍，其三品頂戴，則假冒也。其餘諸人，有車夫，有工匠，有衙役，原來臨時烏合，各色都有，受和尚勾結運動，止得過銀二百兩，餘約寺產歸還，再行酬謝。予既訊明底蘊，遂即當堂發落，和尚判徒刑二年；擇出頭刁狡者，笞責數人；為首者當堂取保，餘均從寬省釋，一律驅逐出境。其假冒宗室一節，姑置不究，亦未將其真名現職存案申報。其人再四叩頭感謝。一時觀者，莫不額手稱快。此馬甲殆是當時省釋之一人，姓名狀貌，實已絲毫不能記憶，彼既云云，姑笑頷之而已。彼逡巡復曰：「我當時實在也是馬甲，如訊究出來，私自出京，罪亦不了。我見勢頭不好，只得自承苦力被雇。幸您老不拖究責，總算造化。此案甚是處分得當，令人佩服。我當時年輕無識，被人哄誘，謂可出外發財，故而冒昧就跟他們一起斯混，後來仔細思量，非常抱悔。您老真是清官，此次故而被老佛爺看重，將來一定可以官居極品的。」予強勉敷衍數語，即離之而去。途中自思，人生何處不相逢，幸當時未嘗粗心任性，與彼結怨，不然，此時仇人相遇，他認得我，我不認得他，山灣林角，出其不意，突以一丸相餉，枉遭非命，直是無處申理。然彼時高坐堂皇，誰復能料有今日之事？反覆思量，轉不覺為之惴惴也。

十五日，至忻州。行宮在貢院，陳設富麗，為諸州冠。予與夢丹恭進鮮果六色，天顏甚喜，旋奉頒月餅、蘋婆果二盤。是夜月色甚佳，即陳御賜果餅於庭中，與石逸諸人拜月分啖。

十六日，至陽曲縣。太原府許君涵度、陽曲令白君昶，均在此接駕。途次得懷來紳士來信，謂予隨駕去任後。馬軍門所撥馬隊當即入城防守。地方尚為安靜。不久即有洋兵前來，旋留兵一小隊，於東門外東山頂廟中住紮，全數只十五人，於地方亦無騷擾。逾月以後，馬軍忽欲撥隊前行，請留此無謂，務須前往護駕。再四挽留，堅執不允，只得聽其自去。計月來地方供給項下，已費至二千八百餘吊。馬軍去後，拳匪頭目王道昌忽挈領匪黨一百餘人，各執兵仗，聲言來縣報復；進城後首即馳往縣署，以為老父臺尚在此間，務欲一見。此時新任田公適不在署，告以易任，亦不見信。後見尊管龔某尚在署中，益以為疑。百計勒逼，務令供出主人所在。此時，駐駐東門外洋軍自山頂以遠鏡窺測望見，當即整隊入城，逕行奔赴縣署。拳匪聞洋兵一至，頃刻遁逃星散，當場拿獲六人，立予槍斃，匪酋王道昌亦在其列。自此地方差得安堵云云。蓋予眷屬離署時，曾將笨重衣箱物件封置一室，留家人龔鐸在署看守，故為拳匪所識也。王道昌即予在任時所革牙紀，前時西關壇中頭目四人之一。彼尚銜毒未已，務求釋憾於予，而卒以自投羅網，亦其稔惡之報。懷來除一毒螫，聞之至引為快。但果專為仇予而來，則是以予故驚累懷人，又不免重自歉矣。厥後龔僕仍投至予所，已失去一耳。據言，當時匪識家人為老爺舊人，置刀於頸，勒令供出老爺所在，再三實告，皆不見信，最後乃舉刃削去一耳，謂如再不說，則耳目口鼻，須當一一剮割。家人一時憤極，決計與之拚命，乃緊抱之而齧其耳，同仆於地。正相與糾結間，而洋兵已來，彼倉卒已不及脫。遂為洋兵拿獲槍斃云云。此亦一段趣聞也。

八月十七日，車駕至太原。巡撫毓賢方統兵駐固鎮，自藩司以下，文武官吏皆於省城外數里地齊集迎駕。是日，遂入山西省城。以撫署為行宮，堂皇壯麗，略有宮廷氣象。其最可異者，凡需用簾帷茵褥及一切陳設器件，均係嘉慶年間巡幸五臺所製辦，備行宮御用。後來御駕未至，遂存貯不用，向儲太原藩庫。歷任藩司，均不敢啟視，但於門上更加封條一道，前後重疊，殆已至數十層。因歷時過久，究不知庫內有無缺失，如一經啟視，則倘有毀失，對前任已無法根究，對後任便須負責盤查交代，以此相沿不問。此次以倉猝駕到，無法預備，不得已始行發鑰，乃皆燦爛如新製，且絲毫無所毀損，遂賴之以集事，一若百年以前即預為今日之地者，此真所謂數有前定者耶？

岑自得督辦名義後，沿途即大肆威福，對於地方供應官吏，往往非法凌辱，恣睢暴戾，氣焰至熏灼不可近。天鎮令聞駕至宣化，當即恭備一切；後以在宣化連駐蹕三日，食品皆臭腐，臨時趕辦不及。岑乃大加逼責，令無奈，至仰藥以殉。及至山陰，情節略同，岑復嚴責縣令，謂「看爾有幾個腦袋」。山陰令惶急失措，見予即跪泣求救。予婉詞慰藉之，並為之向內監疏通，因勸岑稍從寬假，勿再演天鎮慘劇。岑乃大恚怒，謂予久任地方，所以袒護州縣，因此輒至相齟齬。然宮門差務，實均由予一人祇應。彼雖到處叫呼肆擾，而實際則絕不肯分勞。俞則更絲毫不問，每日但向予抵毀岑氏，凡岑之一言一動，皆向予報告，極口肆詈。予當時閱世過淺，不免時有隨身附和之處。詎彼於岑前詆予，亦復如是，並將予語一一轉報，而益加之以添砌，反覆唆弄，致予與岑惡感日深，至結不解之仇者，俞尤與有力也。

每日宮門叫起，必三五次。宮中內監，自李、崔以下多半熟習，故出入一無所阻閡。入山西境後，威儀日盛，地方承應，宮門上已不免有需索使費之事。予為一一規定股份數目，凡各項首領太監，如內奏事處、茶房、膳房、司房、大他坦，及有職掌之小內侍，約十數金至數金不等，惟總管太監分位較高，不便點綴。到處均由予一手代為開銷，按份俵散。不使有一處空漏，亦不令額外取盈，至多不過一百餘金，少或八九十金。因之各地辦差人員頗感便利；而彼時各監初次出京，甫脫饑寒之厄，幸門未開，慾望猶稚，亦尚能安受約束，不至十分難馭也。

太后喜聞外事，每召見陳奏公事畢，輒溫言霽色，令隨意說話。予每為陳述地方利弊、民間疾苦。每問一事，必根端竟委，娓娓忘倦，往往至一二鐘之久，方始告退。詎以此故，又大觸樞臣之忌。

一日在西安行宮，李監忽附耳告曰：「爾已鬧大亂子矣！」予驚問何事。曰：「爾昨日於老佛爺前，曾作何語？今日諸軍機入見，均大碰釘子。老佛爺厲聲詰責。謂外間種種情形，爾等平時何無一語奏聞，直是朦蔽我母子耳目？諸軍機相顧失色，咸不知所對，只有相率免冠碰頭。我想必因爾語及何事，老佛爺乃如此發怒。諸軍機必且抱怨於爾，須當注意。」云云。予始悔一時輕率盡言，意本冀兩宮稍知民隱，大臣不言，小臣言之，卻未顧及越分踰等之嫌也。

一日在軍機房，榮、王兩中堂、瞿尚書咸在座，王中堂忽正色語予曰：「漁川，我與爾係同鄉，不能不向爾正告。爾今日召對，乃至三點一刻之久，致我等久候，究竟所說何詞？以後在本等範圍，自可簡單明瞭，扼要陳奏；切勿東牽西曳，橫生枝節。天澤之分，奏事有體，非兒戲也。」予唯唯而退。榮、瞿皆默然無言，然窺其容色，似皆深不愜於予，蓋諸公會集，或正議論予事也。向例，兩宮每日聽政，均先叫外起，凡外官及各部院衙門人員，一一召見畢，軍機方始入對。自次日起，即改定規制，先召軍機，再叫外起。蓋如此，則他人陳奏事件，可以先行探聽，為次日入對之預備。如照舊例，則為時太促，無探詢預備之餘地，空中霹靂，恐不知雲起何方也。

前清宮廷體制，外觀似甚嚴重，乃內容並不十分祗肅。宮監對於皇上，殊不甚為意，雖稱之為萬歲爺，實際不啻為彼輩播弄傀儡。德宗亦萎靡無儀表，暇中每與諸監坐地作玩耍，尤好於紙上畫成大頭長身各式鬼形無數，仍拉雜扯碎之；有時或畫成一龜，於背上填寫項城姓名，粘之壁間，以小竹弓向之射擊，既復取下剪碎之，令片片作蝴蝶飛，蓋其蓄恨於項城至深，幾以此為常課。見臣下尤不能發語，每次宴見，必與太后同坐一炕。炕多靠南窗下，太后在左，皇上在右，即向中間跪起。先相對數分鐘，均不發一言。太后徐徐開口曰：「皇帝，你可問話。」乃始問：「外間安靜否？年歲豐熟否？」凡歷數百次，只此兩語。即一日數見亦如之。二語以外，更不加一字。其聲極輕細，幾如蠅蚊，非久習殆不可聞。皇上問罷，太后乃滔滔不絕，大放厥詞，尤好拈用四字兩字名詞，古文成語，脫口而出；然人情世故，頗甚明澈，數語後即洞悉來意。故諸大臣頗畏憚之。太后知此聰強，而德宗如此巽懦，宜其帖耳受制，不能有所舒展也。或言德宗養晦為之，則非小臣之所敢知矣。

予自受仁和切誡後，雖極力留意收斂，然以太后眷注過深，出入左右，似多添一重耳目，軍機、內監，均視為不便。岑尤不慊於予，務出死力排擠之。先是兩宮樸被出都；過昌平州，知州裴敏中方抱重病，霸昌道鳳昌因先期未奉有廷旨，車駕至城下，疑為假託賺門，堅閉不納，且從城上鳴槍示威。兩宮不得已，乃繞城奔馳，蓋恐洋兵之躡其後也。太后因此甚憤憤。岑詢知其事，乃從而媒孽慫恿之。迨至懷來，遂有拿辦裴某之嚴旨。岑復自請承辦，發令箭派員星夜前往提拿，意欲藉以邀功。予微得消息，覺裴一提到，必無生理；此事在情理本有可原，況州官確在病假之中，依官序論，分當由霸昌道負責，即作為違抗，亦不應歸罪知州，無端抵辟，未免過冤。乃設法使人飛告，令其引避。迨岑員至，已先事逃匿，無所得。岑意頗懊喪，心即疑予所為，殊甚怏怏；然彼時以予為地主，方曲意相徇，尚不敢形諸詞色也。

自共辦糧臺後，接觸漸多，意見日盛。彼自以官高，與予比肩並事，似覺不屑；又以督辦名義出予上，遇事專斷，不復相關白，凡有陳奏，皆用單銜獨上。王中堂謂體制不合，應以會銜為宜，彼執不可。王曰：「否則於牘尾敘明『臣會同某某』云云，夾入名字。」彼亦不允。曰：「再不然，惟有於奏後列銜，如京官九卿奏事體例。」岑始終持不可。中堂一日曾對予微笑曰：「我知道岑三必與爾搗亂，今果然矣。但爾自取之，於人無尤。我早已聲明，不能過問，恐似後笑話尚多也。」

先是岑自甘肅入都，係由草地經張家口、宣化、懷來而達京師。七月初過懷來，予為之預備供應。有幕客張鳴岐與之偕行。張本山東海豐人，岑抵京後，張即請假赴獻縣省親。及岑隨駕行，張追至大同，予會岑銜派為糧臺文案，分當兼受會辦指揮，乃竟偏徇岑意，至一切文件，均不令予寓目。有一次方在繕寫，見予入，立即藏匿。予曾向之厲責，彼口噤面赤，不能置一語。然岑與予之積怨，乃益深矣。

一日，在太原行宮門內相遇，岑又為一細事，向予詰責，詞色甚厲。予不服，與之對詬。彼益哮怒不可遏，曰：「予非參爾不可！」予亦厲聲曰：「爾有本領儘管參去，我在此聽候。我亦奉旨專折、可以參爾。我無款可指，爾之罪狀累累，均在予腹中，且看誰人曲直也！」岑憤甚，逕以手揪予胸前衣襟，作揮拳勢。予曰：「此宮門，爾敢無禮耶？」彼不覺嗒然釋手，立飛奔至李監處，向之泣訴曰：「老叔，我受吳某侮辱，必當參奏，乞為我援助，沒齒感激。」蓋彼謂其父毓英與李有交誼，故稱之為叔，恬不為怪。李受其諂諛，勾結愈密矣。然對於此事，李監頗極力勸阻之曰：「老侄，爾與吳永皆老佛爺所眷注。爾兩人自相攻擊，使老佛爺難以處置，必不喜歡。咱們都是一起兒辦事人，鬧成過節，惹外邊議論，面子亦不好看，況老佛爺很說吳永得力，恐未必就參得動他，那於老弟分兒上，更沒得光彩。還是忍耐為是。」岑因怏怏中止，然視予益如眼中刺，非去之不可。

軍機諸公先對岑亦頗不愜，嗣因其極力迎合，漸覺相昵近，又欲擠予外出，目的正復相同。顧以予主眷尚優，且遇事謹飭，無間可入，乃合謀定計，改用調虎離山之法。一日軍機陳奏，謂各省解餉遲滯，非派員前往催促不可，然泛泛遣派，仍不易得力，最好請派隨扈大員，精明幹練、又能深悉此次沿途辛苦狀況、為皇太后皇上所親信者，令前赴各省，向各督撫詳細訴說，須得他們特別注意，庶望激發天良，努力輸解。太后問：「何人可去？」軍機即合詞奏曰：「臣等再三思議，殆無過於吳永與俞啟元兩人。彼等皆一路隨駕前來，一切情形，無不周悉；又皆受皇太后、皇上恩典，定能格外仰體聖懷，為國宣力。」太后遲疑良久，曰：「吳永辦宮門差使，甚是熟習，他去後何人辦理？」曰：「岑春煊原是同起辦事之人，一樣熟習，可以辦理。」

太后始首肯。先本擬派予赴江浙，俞赴兩湖；後因父子迴避，乃改派予赴兩湖，俞赴江浙云。

下令後當然立須啟行，乃與俞一同請訓。太后召見，意似良不忍者，再三溫語慰勞，謂爾兩人一路辦差，均甚勞苦，今尚須爾等辛苦一遭，此亦不得已之事。現在如此為難情形，爾兩人均所親歷，定能向各方委曲傳達，無俟多囑。好好上緊辦理，將事情辦完以後，可即趕速回來，予與皇帝均甚盼望云云。予等即叩頭退出。此區區一小事，彼等蓋內外合力，不知費過若干之商量，擺布至此，始算完全達的，所謂「拔去眼中釘，張開兩眼笑」也。

卷四

予承命即治裝戒途，並挈幕友張震青及侄充生同行。俞夢丹以二十四日先行。予以八月二十六日始行就道，沿途過徐溝、祁縣、武鄉、沁州、長子、高平各地，皆崎嶇山路。九月三日至澤州，遂及夢丹。初四日與夢丹同行，遂登太行，過天井關，已入河南懷慶府之河內縣境。初五日，造太行絕頂，予與夢丹同往關帝廟求籤，甚吉利。自此下山，過沁河，入懷慶府；旋抵武陟縣，為河北道駐所。時巡道為岑公春榮，即雲階之兄也。出東門，至木蘭店，相傳為木蘭從軍舊地。過山以後，漸有南中風景。更進由滎澤至鄭州，夢丹由此向清江浦，予遂與之分道矣。

由新鄭啟行，更過許州、臨穎、郾城、西平，於十三日抵汝寧府屬之遂平縣。是日，見八月二日邸抄，莊親王載勛、怡親王溥靜、貝勒載濂、載瀅、端郡王載漪，均革去爵職，交宗人府嚴加議處；輔國公載瀾、左都御史英年，均嚴加議處；大學士吏部尚書剛毅、刑部尚書趙舒翹，均交部議處；並以德國使臣克林德被戕，派員賜祭云云。知議和條件，已略有眉目矣。

更進經确山、信陽，過觀音河，入湖北應山界，越武勝關，經孝感，抵黃陂境。見鄂撫告示，通緝「富有票」餘犯。先是漢口發見「富有」、「貴為」兩種簽票，係組織革命機關，仿哥老會開堂放票之法，以是加入黨標識。為首唐才常，係康南海門人，故票中分嵌「有為」兩字。唐旋以破案被戮，故有通緝餘黨之事。此處鐵路已在興工。二十三日，乃抵漢口，始悉聖駕已於初八日自太原啟鑾，西幸西安；錫清弼方伯良升山西巡撫舊撫毓賢開缺；岑雲階授陝西巡撫。聞各國屢請回鑾，擔任保護，兩宮尚未俞允云。

自太原啟程以來，曲折二千餘里，多半皆山行險道，紆迴陟降，車敝馬瘏，殆已不勝其困。惟沿途令守，多有世交朋舊，一路將迎，班荊道故，頗不寂寞。抵漢以後，長路征塵，可以暫資憩息，如魚游得水，鳥至投林，不覺為之一快也。

是時鄂督為張公之洞，鄂撫為于公蔭霖，藩司為崔公廷韶，署臬司為旗人扎勒哈哩，糧道為凌公卿雲，署鹽道為逢公潤古，首府為余公肇康，保甲局為齊公耀珊，漢口督運局為惲公祖翼，漢黃德道兼江漢關監督為岑公春蓂。其中多半曾有舊誼，更兼親知朋好之宦居此地者，因之拔來報往，幾無虛日。旋以余太守之蹇修，訂婚許氏，即在客中下定。既而復以荊宜施道奭召南觀察良一再函約，遂有荊州之行。奭公派輪相迎，意極殷渥，因順謁將軍濟公祿、都統寶公德興。公祿迭相招宴，縱談亂事，不覺洪醉。本意正在酒酣耳熱之中，忽得奭公被劾落職消息，令人意沮。幸觀察頗曠達，不為意，臨行尚殷殷致贐，殊可感也。

予在湖北時，屢謁制府張文襄公，意頗親切，詢及出狩及行在情狀，每感嘆不止。一日，忽談及大阿哥，公謂：「此次禍端，實皆由彼而起，釀成如此大變，而現在尚留處儲宮，何以平天下之人心？且禍根不除，尤恐宵小生心，釀成意外事故。彼一日在內，則中外耳目，皆感不安，於將來和議，必增無數障礙。此時亟宜發遣出宮為要著，若待外人指明要求，更失國體，不如及早自動為之。君回至行在，最好先將此意陳奏，但言張之洞所說，看君有此膽量否？」予曰：「既是關係重要，誓必冒死言之。」曰：「如是甚善。」

在鄂中勾當餉事，略有端緒，遂前赴湖南，謁俞中丞。中丞知予與其公子夢丹同事，亦甚相愛重，惟目疾甚重，兒至不能啟視，神氣殊覺頹唐。每言及夢丹，頗有不滿意，曰：「但能似君穩練，我便放心矣。君既與共事同好，惟望多方規勸，令其去華存實，從正路向上，庶不至流為邪僻也。」蓋中丞元配已故，時方以側室主持家政，而夢丹為元配所出，父子之間，不免稍有隔閡，故語吻如此云云。

予在兩湖時，屢奉廷旨催回，以公事未畢，迄淹纏不得就道，遂在湖北度歲。次年辛丑正月，即就鄂垣賃室，草草完婚禮。直至三月中，始向各處結束督餉公事，料量西上。方行至荊門州，忽由州官轉到一電，上開「無論行至何處，由所在地方沿途探速投遞」云云。予得之大駭，詳細審視，始知仍為促還行在之故，並無他事，方始放心。乃急將家眷設法安頓，仍隻身從間道趨赴，並日兼程，於是年五月初始抵行在。

次日即蒙召見。予面奏各事畢，太后溫語慰勞，彷彿如家人子弟遠道歸來者；既復含笑曰：「我這才知道，原來岑春煊同你不對，他們把你擠到外邊去的。」稍停，又曰：「你出去走一趟也好，你兩人若是一徑混在一起兒，到今朝不準鬧些什麼花樣出來。」予奏謂：「臣並不敢同他鬧意見，只是岑春煊過於任性，有使人難受之處。」太后曰：「這個我也知道，他的脾氣不好，太暴躁了。」連說：「我知道的。」予乃叩頭而退。先數日，太后御筆親畫摺扇八柄，旋以七柄頒賜諸王公大臣，獨留其一。諸宮監即竊竊私議，謂此一柄必留以待吳永者。既而果然。覆命之日，即以此扇見賜，並賞銀三千兩，尚有其他賜物，袍褂料十數襲，令自向管庫太監處選擇。蓋是時各省貢品，絡繹輸解，百物咸備，宮廷氣象，已煥然改觀矣。

太后仍命伺應宮門差使，銀兩衣物，賞賚幾無虛日，並推恩賞給先太夫人金寶手釧各一副。予同時奉鄂督、湘撫先後密保，即以五月六日正式召見，與前大總統徐公、前總揆孫公寶琦三人，問起入見，均奉旨以道員記名簡放。召見時，皇上正面坐，前有御案；太后於其後作高座，恰如舞臺上之演觀音王母像。太后手執綠頭簽，視予微笑。事後笑告內監，謂吳永今日也上了場，正式行起大禮來，咱們真好似演戲模樣。蓋謂予乃朝夕見面之人，今乃第一次正式覲見也。

予憶及文襄所囑，念夙諾必當實踐，顧以事情重大，不敢冒昧。此時榮相已至行在，仍為軍機首領。聞先時頗受兩宮責言，外人亦有指摘，出京後中途至武陟，殊徘徊不敢進；以後不知如何疏解，始復前赴西安，乃寵任一如前時。榮復薦張百熙及瞿鴻禨二人，同時並召，後乃捨張而用瞿。瞿之得入軍機，由榮薦也。但榮相對予頗相契愛，乃先以此意叩之。榮時方吸煙，一家丁在旁裝送。聞予所述，但傾耳瞑目，作沉思狀，猛力作噓吸，吐煙氣捲捲如雲霧，靜默不語。吸了再換，換了又吸。凡歷三次，殆閱至十餘分鐘，始徐徐點首曰：「也可以說得，爾之地位分際，倒是恰好，像我輩就不便啟口。但須格外慎重，勿鹵莽。」

予因是已決意陳奏。一日召見奏對畢，見太后神氣尚悅豫，予因乘機上奏曰：「臣此次自兩湖來，據聞外間輿論，似對於大阿哥，不免有詞。」太后色稍莊，曰：「外間何言，與他有何關係？」予因叩頭奏曰：「大阿哥隨侍皇太后左右，當然無關涉於政治，但眾意以為此次之事，總由大阿哥而起。現尚居留宮中，中外人民，頗多疑揣，即交涉上亦恐多增障礙。如能遣出宮外居住，則東西各強國，皆稱頌聖明，和約必易就範。臣在湖北時，張之洞亦如此說，命臣奏明皇太后、皇上；並言此中曲折，聖慮必已洞燭，不必多陳；第恐事多遺忘，但一奏明提及，皇太后定有區處。」太后稍凝思，曰：「爾且謹密勿說，到汴梁即有辦法。」予遂叩頭起立，默計這一張無頭狀子，已有幾分告准也。

予狃於此事，膽力稍強，以為幸有進言機會，凡理所應言者，均當言之。但有一次，則險碰一大釘子。一日入見，奏對事畢，太后與皇上同坐倚窗炕上。予見太后意尚閒暇，因乘間奏言：「徐用儀、許景澄、袁昶三臣，皆忠實為國。當時身罹法典，當然必有應得之罪；顧論其心跡，似在可原。據臣所聞外間輿論，頗皆為之痛惜。可否亮予昭雪？」方言至此處，意尚未盡，突見太后臉色一沉，目光直注，兩腮迸突，額間筋脈悉僨起，露齒作噤齘狀，厲聲曰：「吳永，連你也這樣說耶？」予從來未見太后發怒，猝見此態，惶悚萬狀，當即叩頭謝曰：「臣冒昧，不知輕重。」太后神色略定，忽將怒容盡斂，仍從容霽顏曰：「想你是不知道此中情節，皇帝在此，你但問皇帝。當日叫大起，王公大臣都在廷上，尚未說著話，他數人叨叨切切，不知說些什麼，哄著皇帝，至賺得皇帝下位，牽著許景澄衣袖，叫『許景澄，你救我』。彼此居然結著一團，放聲縱哭。你想還有一毫體統麼？你且問皇帝，是否實在？」皇上默無一語。予只得叩頭，謂「臣實不明白當日情形」太后復霽語曰：「這難怪你，咱們宮廷裡的事，外間那裡知道？你當日尚是外官，自然益發不明白了。」予見太后意解，始逡巡起立。莽遇此劈天雷電，忽而雲消雨霽，依然無跡，可謂絕大幸事，然予真已汗流浹背矣。不意太后盛怒時，威稜乃至如此。昔人謂曾、李兩公，當時威權蓋世，一見太后，皆不免震懾失次，所傳固當不虛也。

後有耆舊某公，為述當時真狀，謂此番叫起情形，實誤於上下隔膜。先是有浙人羅某，常奔走榮文忠門下，一日不知從何處捕得風影，急投榮處密報，謂各國已分頭調兵來華，決定攻打北京，與中國宣戰云云。榮素持重，此次竟為所惑，逕自繕密摺，入宮呈奏。太后得奏，當然著慌，既懼且憤。端、莊等正喜師出有名，益乘間極力蠱煽，且哄且激。太后遂亦主張開戰，因此乃宣叫大起。故太后一到場蒞座時，開首即言：「現在洋人已決計與我宣戰。明知眾寡不敵，但戰亦亡，不戰亦亡，同一滅亡，若不戰而亡，未免太對不起列祖列宗。故無論如何，不得不為背城借一之圖。今當宣告大眾，諸臣有何意見，不妨陳奏。」云云。當時似有數人發言，不甚清晰。朱古薇閣學祖謀曾出班陳奏，謂拳民法術，恐不可恃。一旗員（似是長瑞）即從旁攙言曰：「拳民法術可恃不可恃，臣不敢議；臣特取其心術可恃耳。」聯學士元繼續發言，其詞頗戇，謂如與各國宣戰，恐將來洋兵殺入京城，必至雞犬不留。太后色變。即有御前大臣大聲叱之曰：「聯元這說的是什麼話！」太后意正含憤，正於此時，皇上望見許文肅，即下座執其手曰：「許景澄，你是出過外洋的，又在總理衙門辦事多年，外間情勢，你通知道。這能戰與否，你須明白告我。」許奏言：「鬧教堂傷害教士的交涉，向來都有辦過的，如若傷害使臣，毀滅使館，則情節異常重大，即國際交涉上，亦罕有此種成案，不能不格外審慎」等語。皇上固知萬不能戰，而劫於端、莊，不敢逢宣己意，以文肅久習洋務，特欲倚以為重。聞許言，深中其意，因持其手而泣。文肅亦泣。袁忠節班次與文肅相近，亦從旁矢口陳奏，一時忠義奮發，不免同有激昂悲戚之態度。許奏語本極平正，太后似亦未甚注聽。第見皇上與之相持，三人團聚共泣，疑二公必有何等密語刺激皇上，不覺大觸其怒，即注目厲聲曰：「這算什麼體統？」德宗乃始釋手。故上諭中有「語多離間」之詞，當時頗疑此諭出於端、剛矯旨，其實兩公之死，即由於此云云。證以太后所言，謂皇帝當日曾叫「許景澄救我」，則其致怒之由，可以揣想，殆以疑心而生誤聽也。究其癥結，蓋太后已入榮言，以為各國業經決定宣戰，故開此會議以謀應戰之方略，是戰與不戰，已無復擬議之餘地。而廷臣中多半不知就裡，或以為尚是片面商議和戰問題，或則以為政府已得有宣戰實據；因之彼此陳奏，針鋒均不相對，以至愈激愈偏。後來退班出宮，彼此互訊，此項消息茫然不知何來。軍機既未呈報，總署亦無照會，方始大家愕異。蓋榮相上此密摺，外間固絕無人知道也。若當時明白內容，只須將洋人並無宣戰事實委曲開釋，未嘗不可消解。乃彼此均走入岔道中，夫洋人已決戰而尚主張不戰，則惟有降之一法，宜其不能相入也。大風起於蘋末，蟻穴足以潰堤。因羅某之一言，而釀成如此掀天大禍，當亦彼所不及料者矣。

最近覓雜誌中載某君談話二則，亦是當時事實，謂得之於李公端棻所親見。蓋李公在戊戌政變，以贊成新政入獄，庚子拳亂時，尚未出獄也。公言，許、袁兩公入獄，即指定分繫南北所。當在獄中分道時，袁忠節執文肅之手曰：「人生百年，終須有一死，死本不足惜；所不解者，吾輩究何以致死耳。」文肅笑曰：「死後自當知之，爽秋何不達也？」忠節固亦負氣磊落男子，然文肅益曠達矣。

李公又言：立忠貞公山之入獄，後於袁、許兩公一日。當初至請室時，一慟即絕。獄中群以予粗知醫術，囑為診視。予乃以峻劑蘇之，因訊其獲罪之由，且勸其舒和鎮靜，以全大臣之體。立公因言：「昨日在御前會議，將大舉攻使館，眾論紛紜久不決。太后曰：『此國家大事，當問皇帝。』今上自退政以後，恆恭默不語；此次獨侃侃而談，力言其不可，謂斷無同時與各國開釁理。王夔相當稽首曰：『聖慮及此，國之福也。』端邸即怒斥之曰：『王文韶，此時尚為此誤國之言耶？』予繼言宜先派懷來本京綏孔道，軺車駟馬，絡繹不絕。因此特置兩驛四軍站，額設驛馬三百餘匹，平時供張人役，器具芻茭，頗有儲峙。奈是時地方秩序已亂，嚴城之中，內外隔絕，驛務亦停頓廢弛，百物悉遭損耗。原有驛馬，多為潰兵所掠，現僅存五六十匹。其餘器物，更復無從徵集。但岔道離懷來所屬之榆林堡僅二十五里，自榆林堡至懷來又二十五里，相去只五十里。計明日必當啟蹕，第一站即為榆林堡。向例大差過境，必當於此地迎候，預備休息打尖；無論如何，萬不能不稍有供頓。堡中平時本住有司事數人。承辦驛務，乃先發急足前往知會，命就地料量飲食。本署雇有庖丁三人，廚役十數人，亦為辦差之需。乃先派一人，攜帶下灶及蔬果海味等物，夤夜赴堡幫同該站司事治辦一切，乃守門拳匪堅不允放行，不得已縋城而出之。方是時，拳匪之精壯者皆入南山打二毛子，城中惟老弱拳匪三四百人。予夜將出城，為首者質問何事。予曰：「前往接皇太后、皇上聖駕。」匪首厲聲曰：「他們皆已逃走，何配稱為太后、皇上！」予曰：「皇上巡狩，全國以內皆可行。如我為知縣，私行出境，始可謂之逃走，若下本縣各鄉辦公。亦可謂之逃走乎？」匪顧同類曰：「此乃二毛子口氣，應當宰了。」眾遂大呼入暖閣門。予急奔入，語馬勇曰：「有入二堂者，即開槍，毋稍顧忌。」匪聞之大懼，相率出署，迫市肆居民人出一丁，頭上冪以紅布一方，各執燈籠，登城作防守狀。時京畿潰兵，日夜北行，如蟻如潮，絡繹不絕，悉從城外經大員，宣朝廷德意，不喻，然後圖之，則我為有詞。太后遽曰：『然則即命汝往。』予對曰：『受國厚恩，不敢辭。惟臣向不習洋務，請命徐用儀同往。』太后允之。未及覆命，亂民已蟻聚予宅中，設壇門外，謂予室中有地道潛通西什庫教堂，大加搜索，不得其跡，則擁予至壇前焚表，表升，無以罪我。方擾攘間，乃有類緹騎者逮予至此。予雖不肖，已忝為朝廷極品大員，乃一時昏瞀，致屈膝於亂民，虧體辱國，死不蔽辜。以此悔恨，非畏死也。」逾二日，大差下，獄卒掖之去。予不覺頓足大悔，當時不應投劑蘇之，反累其多受一次痛苦，云云。由此言之，立公殊鼎鼎有大臣身分。因立為旗人，知者較少，故雖同一死難，而遠不若許、袁二公之轟烈。然則既絕復甦，雖多受一次痛苦，而留此數語，大節皎然，使天下後世，可以共鑒其心跡，泰山、鴻毛，聲價頓別。則李公一刀圭之力，固遠勝於千金肘後也。

太后一日且為予縷述出宮情事，謂當亂起時，人人都說拳匪是義民，怎樣的忠勇，怎樣的有紀律、有法術，描形畫態，千真萬確，教人不能不信。後來又說京外人心，怎樣的一夥兒向著他們；又說滿漢各軍，都已與他們打通一氣了，因此更不敢輕說剿辦。後來接著攻打使館，攻打教堂，甚至燒了正陽門，殺的、搶的，我瞧著不像個事，心下早明白，他們是不中用，靠不住的。但那時他們勢頭也大了，人數也多了，宮內宮外，紛紛擾擾，滿眼看去，都是一起兒頭上包著紅布，進的進，出的出，也認不定誰是匪，誰不是匪，一些也沒有考究。這時太監們連著護衛的兵士，卻真正同他們混在一起了。就是載瀾等一班人，也都學了他們的裝束，短衣窄袖，腰裡束上紅布，其勢洶洶，呼呼跳跳，好像狂醉一般，全改了平日間的樣子。載瀅有一次居然同我抬槓，險些兒把御案都掀翻過來。這時我一個人，已作不得十分主意，所以鬧到如此田地。我若不是多方委曲，一面稍稍的遷就他們，穩住了眾心，一方又大段的制住他們，使他們對著我還有幾分瞻顧；那時紙老虎穿破了，更不知道鬧出什麼大亂子，連皇帝都擔著很大的危險。他們一會子甚至說宮裡也有二毛子，須要查驗。我問：「怎樣查驗」；他們說：如係二毛子，只須當額上拍了一下，便有十字紋發現。這些宮監、婦女們，了不得的惶恐，哭哭啼啼，求我作主。我也不犯向拳匪去講人情；我想阻止他們又不對，萬一阻止不了，那更不得下臺。我教他儘管出去，果然拍出十字來。也是命數，這何須怕得。如若胡亂枉屈人，那神佛也有公道，難道就聽憑教下徒弟們冤殺無辜不成？後來出去查驗，也是模糊了事，並沒有查出什麼人。他們心中明白，得了面子，也就算大家對付過去，還了我的面子。你想這樣胡鬧，還講什麼上下規矩麼？

又言：洋兵已進了城，宮裡完全沒有知道，只聽著槍彈飛過，這聲音全像貓兒叫，（言次即效貓叫聲）「眇」。我正疑心那裡有許多的貓兒，那時正在梳妝，又聽著「盻」一聲，一個槍彈從窗格子飛進來。那彈子落地跳滾，仔細認著明白，方才駭異。才要問外邊查問，一眼瞧見載瀾跪在簾子外，顫著聲氣奏道：「洋兵已進了城，老佛爺還不快走！」我才慌忙起身，急問皇帝何在？說在某殿上行禮，我叫趕速通報。原來這下天剛剛碰著祭祀，皇帝正在那裡拈香，聽著叫喚，急忙前來，頭上還戴著紅纓帽子，身上穿的是補服。我道：「洋兵已到，咱們只得立刻走避，再作計較。」皇帝更著了慌，倉猝就要跟著我跑。我道：「你瞧這樣服色，那裡好走出去？」才千手百腳的把朝珠、纓帽一起兒胡亂拋棄，一面扯卸了外褂，換了長袍。我也改換了下人的裝束。咱娘兒兩個，就此一同出走。那時一切衣服物事，都已顧不得攜帶，單單走了一個光身。一路踉蹌步行，一直到了後門外，才瞧著一乘騾車，問了騾夫，知道是載瀾的車子。我就帶著皇帝急急上車，趕叫向前快走。他們都是沿途找雇；到了德勝門外，大夥兒才到，稍稍聚集。又怕洋兵追趕，不便屯留，便一氣直前上道，晝夜趲行。頭一日頓宿貫市，多方設法，好容易才覓到幾乘馱轎。由貫市趕到岔道，都宿在破店中，要求一碗粗米飯，一杯綠豆湯，總不得找處。比較逃荒的老百姓，更為苦惱。一直到了懷來，虧你有個預備，才算脫了苦境。難得你如此忠心，而且急忙之中，還虧你趕辦得出來，我是十分心受的。所以我要你隨扈在一起，這會子也總算是患難的相與了。

其時剛毅已先在途次病故，趙舒翹亦賜自盡。太后言及二人，似尚有餘怒，謂這都是剛毅、趙舒翹誤國，實在死有餘辜。當時拳匪初起，議論紛壇，我為是主張不定，特派他們兩人前往涿州去看驗。後來回京覆命，我問他義和團是否可靠，他只裝出拳匪樣子，道是兩眼如何直視的，面目如何發赤的，手足如何撫弄的，叨叨絮絮，說了一大篇。我道：「這都不相干，我但問你，這些拳民據你看來，究竟可靠不可靠？」彼等還是照前式樣，重述一遍，到底沒有一個正經主意回覆。你想他們兩人都是國家倚傍的大臣，辦事如此糊塗；餘外的王公大臣們，又都是一起兒敦迫著我，要與洋人拚命的，教我一個人如何拿得定主意呢？

稍停，又續言曰：依我想起來，還算是有主意的。我本來是執定不同洋人破臉的；中間一段時期，因洋人欺負得太狠了，也不免有些動氣。但雖是沒攔阻他們，始終總沒有叫他們十分盡意的胡鬧。火氣一過，我也就回轉頭來，處處都留著餘地。我若是真正由他們盡意的鬧，難道一個使館有打不下來的道理？不過我總是當家負責的人，現在鬧到如此，總是我的錯頭；上對不起祖宗，下對不起人民，滿腔心事，更向何處訴說呢？

太后此番話頭，雖屬事後之談，但詳細體會，亦是實在情節。試想彼深居宮闈，一向與外間情勢不相接觸，一旦遭此巨變，前後左右，手足耳目，都是一樣狂迷，如醉中鬧架，歡呼盲進，意興勃勃，他畢竟是個女流，易於迷信，平日為洋人交涉受了多少委曲，難得有此神人協助之機會，欲其憑一人判斷，獨排群議，盡遏眾狂，此絕不易得之事。即自謂尚有主意未嘗放手云云，事實具在。亦不能謂之盡誣。如實在與瑞、剛傾倒一向，並力不顧，攻破一使館自在可能之列。不過總有一段時期已經中了魔毒，若謂始終明白，殆亦未必然耳。

拳匪之事，當剛、趙查驗時，是一禍福轉捩關鍵。如此時能將真情實狀，剴切陳奏，使太后得有明白證據，認定主張，一紙嚴詔，立時可以消弭。過此以後，烏合蟻附，群勢已成，雖禁遏亦已不及。後來釀成如此大禍，剛、趙二人，實不能不免其全責。太后謂其死有餘辜，確係情真罪當。剛之為人，愚陋而剛愎，或真信拳匪之可恃，亦未可定。趙則起家科第，揚歷京外，開藩陳臬，並皆卓有政聲；而且學問淹通，持躬廉正。此兒戲鬼混之義和團能否成事，明白易曉，決不至於不能鑒別。第以劫於剛勢，不敢立異，遂至與之駢殉，身陷大戮而死負惡名，未免太可惜矣。

近聞某公言及趙事，則尤不覺為之扼腕。謂當拳匪在涿州時，太后命剛、趙往驗。剛實未往，趙獨挈何君乃瀛同行。何字松生，本刑部老司員，殊幹練有卓識。二人回京後，均力言拳民之不可恃。何因為趙擬就一摺，言之頗甚剴切。趙審閱再三，似礙於端、剛，躊躇不敢上；未謂上摺太著痕迹，不如面陳為妥。乃先赴榮相處，詳悉報告；再見太后覆命，亦經一一據實奏陳。而彼時太后已受魔熱，詞色頗不懌。先時趙之僚友曾有以大義相責者，趙出告人，謂幸不辱命，我對軍機、太后，均已盡情傾吐，應說盡說，撫心自問，庶幾可告無罪矣。後來點派帶團差使，並無其名，趙益自引為幸，謂從此可以脫離關係云云。某公所言，委係得之當時事實，並非泛泛。準此而論，則趙於拳匪，並未有阿護之事。最後賜盡上諭中，只坐以「畢竟草率」四字，且有「查辦拳匪亦無庇縱之詞」等語；即據太后口中所言，亦足證明其始終未言拳匪可靠。參稽互考，情節昭然。只因當時稍有瞻顧，少此一摺之手續；又夙因剛援引，相處親密，致後來中外責言，均以剛、趙並舉，李文忠亦有「剛、趙袒匪」之電奏。空言無據，無法辨白，卒陷於不測之大戾。然則彼之失足，不在於查驗拳匪之役，而在於受剛援引之時。因失其親，子雲中郎，所以同抱千古蘭瀞之恨也，悲夫！顧就此案而論，終不能不謂之冤。青史是非，悠悠眾口，吾尤願為死者一洗之也。

剛、趙之處分，凡見過四次上諭：第一次革職留任；第二次交部嚴議；第三次斬監候，第四次斬立決，改賜自盡。足見前時太后尚有回護之意，其終受大辟，實出外人要迫，並非太后之本心。受誅以後，則言者事事皆藉以諉罪，不免別有投附之語。故此時太后亦深撼之。一朝失足，則眾惡皆歸，此亦古今之常態。惟剛已先故，竟逭誅夷。即謂剛、趙同罪，剛罪總浮於趙，乃剛免而趙不免，此真所謂有幸有不幸者耶？

趙賜自盡時，派岑春煊前往監視。趙體質素強，扼吭仰藥，百計竟不得死。而岑在客堂，不耐久候，再四逼促，詞氣極凌厲。家人不得已，乃以綿紙遍糊七竅，灌以燒酒而悶煞之，屢絕屢蘇，反覆數次而後畢命。慘矣！然岑亦忍矣哉！

辛丑五月十五日，予奉旨簡放廣東雷瓊道遺缺。予與徐、孫兩公，均以密保同日引見，而予才及十日，即蒙簡放。當時慕韓總揆且向予欣賀不置，謂君今乃先著祖鞭，令人有景倩登仙之羨，吾等尚不知挨磨幾許時日，方有此希望也。今兩公皆已登峰造極，名播中外，而予則依然故我，碌碌無成。回首雲泥，空增惆悵而已。

奉簡後，復傳旨緩赴新任，命督辦回鑾前站事宜，仍照舊承應宮門事務。予此次頗十分為難。先是由懷來至太原，沿途宮門事務，均由予一手承應。予深知地方官辦事苦況，事事均為之道地，不令宮監等有非分需索及欺凌逼勒等事。宮門費用，予均為按資勻配。彼時諸宮監初出都門，所望不奢，亦尚能帖然就範，並無誹怨。自予由太原奉差出發後，宮門之事即由岑雲階接替照管。彼因欲見好於各宮，乃悉力反予所為，凡各省進奉官吏，皆為之敲索使費；每到一州縣，亦首先講論宮門費，多者或逾萬金，少亦七八千金；至零星費用，更無一定，幾於遇事需費。各宮監無不歡喜踴躍，人人饜飫。因而追怨前事，謂予非但不為幫忙，且有意裁抑之，以此均德岑而恨予。竟有當面詰責者，謂：「咱們從前蒙在鼓子裡，都被你刻薄死。還虧著岑三講交道，幫個忙兒，動是整千整百的，作成咱們爺兒吃了個飽肚。橫豎使的別人家的錢，他們來路是容易的，也落得大夥兒做個人情。偏是你拈斤播兩的，巴巴幾兩銀子，還要叫我們請安謝賞，這不是活活被你捉弄麼？」蓋彼等已經吃過一番大甜頭，全不似前此之聽受範圍。幸而上邊通氣，尚不敢公然作難。然實在是予愚笨而岑聰明。岑以後之扶搖直上，其根基實始於此。

予前此以匆促赴召，家眷尚留鄂中，即寄居於岳家。近見榮相，謂上意欲令予隨扈還京，何妨將眷屬迎至秦中，將來即可一路同行云云。予念如此可省兩方牽注之勞，於計亦得。是時京外大臣及京都士紳，均陸續奏請回鑾。章已十數；而上意尚躊躇不即允。予因啟鑾之期尚未宣布，為日必不在近，因乘間請假回鄂一行，以便親自照料眷口，結束家務。奉允後，即日就道，抵鄂垣匆匆部署一切。旋聞回鑾期日已定，家眷前赴秦中，未免多此跋涉；因仍隻身先自趨赴行在，而囑家眷隨後首途，預備於河南途次相待。蓋大駕已定從旱道入都，河南固為必經之地也。

八月十八日，予始由湖北還抵西安行在。即日往謁軍機各堂憲，並詣宮門報到。十九日，總管太監李蓮英傳旨賞銀四百兩，大緞二匹。一到即有恩賜，即寵任親貴大臣，亦不多見，在予得之，真可謂異數也。

先是五月二十一日，曾降發上諭一道，略謂「朕侍皇太后暫住關中，眴將經歲，眷懷宗社，時切疚心。今和局已定，昨諭令內務府大臣掃除宮闕，即日回鑾。惟現在天氣炎熱，聖母年高，理宜衛攝起居以昭頤養，自應俟節後稍涼啟蹕，茲擇於七月十九日由河南直隸一帶回京，著各衙門先期敬謹預備」等語。此諭既宣布，於是中外人心，一時大定。緣行期久久未定，眾情惶惑，不免妄生疑揣，有謂將久居西安者，有謂將遷都蜀中者。復因水陸問題斟酌不定，益滋延宕。先有主張由河南襄陽至漢口，改由京漢路入京，謂沿途供億，可省若干百萬。南方並有請駕出上海，逕從海道入都之議。嗣經通盤籌度，謂水道須另造輪隻，且有數處河道須經修浚，方可通行御舫，費更不貲，乃決計取道陸路。至是而行期、路線一起決定，中外乃始釋然矣。

亡何而陝撫升允奏謂天時炎熱，道路泥濘，汴撫松壽奏謂積雨連旬，河水驟發，蹕路沖毀，行宮損壞；均請展緩行期。乃復於七月一日下諭：據奏改定以八月二十四日回鑾。於時輿論大嘩，均謂兩宮實無回鑾之意，兩撫之奏均由西安政府授意，即二十四之期，亦決不可信，屆時必須再改。並有言第三期已預擬定，將改為九月三日；第四期必以太后壽辰為詞，改十月底；第五期必以天寒為詞，改至明春；逐節延改，終於無期而後已。或言太后俱回京後受各國要索抵罪，故不許皇上回京；或謂李蓮英恐以太后失勢而失權，故力慫太后不宜回京等語，紛紛擾擾。中外報紙，批評議論無虛日。各國使臣亦頗為所動，一再向當局詰問。於是政府更下諭旨、懿旨各一道，諭旨係豁免陝西、河南、直隸蹕路經過地方錢糧，懿旨係賞給陝西人民內帑十萬兩，蓋藉此以堅各國之信。其實太后前此稍有戒心，暫持觀望之態度，或所不免；至於此次定期以後，固已預備啟行，並無游移之意。兩撫改期之奏，實因預備不及，沖毀行宮蹕路，皆實在之事也。

同時並特派陝撫升允為前路糧臺。升撫因啟鑾在即，奏請交卸撫篆。奉旨：陝西巡撫著李紹芬暫行護理。同時，並委臬司樊增祥署理布政司，道員吳樹棻署理按察司，四安府胡延升署糧道，侯補府傅士煒署西安府。此數日中，西安官場全班更動，賀任道喜，滿街車馬紛馳，鬧得煙昏塵起，頭目皆為之暈。兼之行期已迫，宮府內外，皆預備結束登程，各京官亦悉備行事，包裹捆紮，大車小槓，憧擾不可名狀。予以奉有前命，不能不勉盡職務；而甫到行在，相去僅六日，孑然一身，事繁期促，如何措手？不得已自行出資募雇健役二十餘名，另賃馬二十匹隨行。即趕赴前途，先行布置一切；略有端緒，仍趕回西安省城。伺候啟蹕，以便隨駕同行。幸經過一次，辦理稍習。又執事宮監諸多稔識，故應付尚為順手耳。

二十三日，軍機大臣諭：本日各章京辦事畢，二班章京即著先行啟程。自京西至閿鄉，派頭班章京沿途辦事；自閿鄉至開封，派二班章京沿途辦事。並奉前路糧臺核准定章，皇差官車二千餘輛，驢馬應給草料，行路日給一兩，駐蹕減半。大概布置，皆已楚楚就緒矣。

八月二十四日辰刻，兩宮聖駕自西安行宮啟蹕。闔城文武官吏，均先於宮門外齊集，伺候升輿。行李車先發。辰初三刻，前導馬隊出城；太監次之；各親貴王公大臣，或車或馬，又次之。俄聞靜鞭三響，即有黃轎數乘，自行宮出，士民皆伏地摒息。皇上、皇太后先後乘黃轎出宮；皇后隨後；向有扈駕諸王、大臣，又在其後，最後為大阿哥。銜尾重車無數，均係各衙門檔案。曲折穿行大街中，辰牌向盡；始出南門。沿途市肆，各設香花燈彩；長安父老，均於南門外祇候跪送，恭獻黃緞萬民傘九柄。出城後仍繞赴東關，詣八仙庵拈香進膳。本來直出東門，路線可省三分之二，謂因體制關係，且取「南方旺氣向明而治」之義，所以輦路必出南門。先期奉升撫傳諭：州縣都守以上，均在灞橋恭送，佐雜千把，在十里鋪恭送。並派員於各該處點驗，查取職名。如有託故不到者，停委二年。所以冠裳蹌濟，異常熱鬧。沿途千官車馬，萬乘旌旗，氣象極為嚴肅，較來時光景，當然大不相同。予在宮門送駕後，即乘馬順御路出南門。行二十里，至灞橋尖。灞橋折柳，自昔為往來迎送之地，然千年以來，當無有今日之熱鬧者，又二十里，駐蹕臨潼縣驪山行宮。

二十五日，由驪山行宮啟鑾，至臨口鎮駐蹕。自驪山至此四十里，均臨潼縣境。

臨潼令夏良才絕無預備，乃避匿不出。王公大臣多至枵腹，內膳及大他坦均不得飽食，大他坦且無煙火，夜間殿上竟不具燈燭。上賞內監銀二百兩，令自覓食，此亦絕異之事。上年予在懷來時，拳匪圍城，潰兵四竄，正性命呼吸之際，而兩宮倉猝駕至，予尚能勉力供應，不至匱乏。此次則半年以前已有行知，有人可派，有款可領，何以草率至此？聞夏令實已領款二萬七千金，揹不肯發，所以諸事不備。該令籍隸湖北，為陝藩李公之同鄉，臨時委署此缺，本期藉皇差以得津潤，既貪而庸，欲牟利而無其才，故至於如此荒謬。然兩宮竟未有嗔責，此亦更歷患難，心氣和平，所以務從寬大也。予恐前站有誤，即馳十五里過升店（屬渭南縣），略事部署；復前行三十五里，至渭南縣，已傍晚，即就西城外覓一糧店住宿。行宮即在縣署，頗宏整，較臨潼殆天淵矣。

二十六日，在渭南候駕。申刻，駕到渭南行宮駐蹕，離西安已一百八十里。督辦前路糧臺升允，奏參臨潼縣知縣夏良才辦事不當，貽誤要差，並自請議處。奉旨：夏良才加恩改為交部議處，其自請議處之處，從寬免議，蓋兩宮以大駕方始發軔，不欲以供應之故，重罪有司，致沿途官吏，多增疑懼，用意固甚深厚也。

二十七日，午刻自渭南啟鑾，申正至華州駐蹕，行宮即在州署。昨夜榮相國之公子綸少華病故，各宮爭往慰唁。榮相年幾七旬，只此一子，甚為聰慧，因之異常慘惻。但中途不便停頓，乃特留胡研孫觀察在此，為之料理後事。暮年遭此不幸，意緒固難堪也。

二十八日，辰刻自華州啟鑾。行四十里，至華陰縣駐蹕。行宮亦就縣署改設，鋪陳構署，頗皆妥貼如式。

二十九日，兩宮詣華山麓玉泉院拈香。是日雨，道路泥濘。予先至院候駕。該院背山面河，有山蓀亭、無憂亭諸勝，林泉掩映，古木陰森，頗為欣賞不置。有頃駕臨，王公、百官多半隨從，宮眷亦有隨至者，一時擁擠，或至不得入門內。而雨勢益急，從官率通身沾濕，躑躅泥滓中，致遊興為之消阻。聞由此上山頂尚有四十里，仙人掌、蓮花、玉女諸峰，多在高處，借匆匆不得一覽。申刻駕旋，仍駐蹕華陰縣。

九月初一日，自華陰縣行宮啟鑾。行五里，至華陰廟尖；又三十里，至潼關駐蹕。行宮即在道署，頗有園林之勝。

初二日陰雨，初三日晴，初四日風，均駐潼關。

四日傳旨：明日巳正啟鑾。予於宮門見榮相，神色頗慘淡。有河南四品卿銜道員呂永輝上封奏，請遷都洛陽。聞其人頗深喜自負，以此為匡時大計，聞者皆目笑之。近年京朝士大，多主張遷陝之說，引經據史，言之侃侃。自西幸以後，多半親歷其地，皆啞然自失，不敢復持前議。書生目論，大都如此，呂亦同受此病也。是日奉上諭：前因有冒充王公僕從，於各州縣供給，特強攫食，曾經降旨嚴禁。現在將入豫境，著松壽認真查禁，如有此等情事，著即嚴拿懲辦，勿稍瞻徇。因前在臨潼，夏令曾以先日預備供應均被掠食為詞，故有是命也。又奉諭：啟蹕以來，沿途車騎，諸形擁擠，甚至乘輿已到，尚復填塞，殊不足以昭鄭重。著御前大臣認真彈壓，並著松壽、夏毓秀、周萬順各派兵勇，分起押送，不准遲滯。至隨扈王公、百官、車輛尚多，一經入豫，道途更隘，除有緊要差使者准帶行李外，其餘均著分起先行，以免擁擠云云。一路車輛，彼此爭先，因致壅塞不行，欲速反滯，真太不成體統。有此一諭，或可稍資整飭也。

初五日，自潼關啟鑾，至閿鄉縣駐蹕。予於早飧後，驅行二十里，至閿第鎮（屬閿鄉縣境）。閿鄉令鄧華林來此迎駕。予作一稟函，上張香濤制軍，雜敘兩宮沿途起居，交閿鄉令出四百里排單遞送。蓋前此在鄂時，制軍曾以此事相囑；連日僕僕長道，無法握管，至此始獲作一函塞責。最可異者，此函竟重出，不知何時散落外間，為好事者所得，居然裝潢什襲，今歲乃有友人持此囑予自加題跋。重覽一過，墨瀋如新，轉不勝今昔滄桑之感矣。

昨日，喀爾喀親王那彥圖之親隨在潼關捲取鋪墊等物，委員候補巡檢李贊元向前阻止，該親隨竟縛而撻之於市。經升中丞據實奏參，奉旨：那彥圖著交理藩院照例議處，其滋事親隨，著升允嚴訊懲辦。此事頗快人意。吉帥之風骨凜然，不避親貴，殊可敬也。

初六日，辰刻自閿鄉啟鑾，申刻至靈寶縣駐蹕。奉旨：明日駐蹕一日。是日奉諭：本年萬壽，停止筵宴。連日皆行夾溝中。懸崖絕障間，羊腸一線，逶迤屈曲，其間僅容一車行，如兩車相值，一車必預於空處藏避，俟對行車過，方始就道。沿途車輛，皆須互相呼應。近經特別平治開拓，兩車亦可並軌。而隨扈諸人，咸喜疾馳爭先，乃至數十百輛銜尾接軸，莫能進退。昨日雖有嚴諭，一時尚不能生十分效力也。

初七日，仍駐靈寶。聞大差頭站太監百餘人，已由河南入直隸境，住宿磁州；慶王將到開封迎鑾，當以本月二十日出都。奉旨：所遺總理外務部要差，著由李鴻章暫行兼管。並奉懿旨：著李相就近在保定迎鑾，毋庸遠赴。

初八日晴。辰刻，自靈寶縣啟鑾。自此入河南境。行六十里，申刻抵河南之陝州。自南門入，駐蹕河陜汝道署。署有園圃，頗具池臺亭榭之勝。余與夢丹同寓州署。署中亦小有園林，而荒廢殊甚。大堂下有老樹一株，大可數抱，古幹槎枒，似是數千年物，署榜曰「召伯甘棠」，殆屬後人附會也。是日奉旨：江西廣饒九南道，著刑部員外郎瑞澂補授。蓋前日有旨，以贛臬柯逢時升任湘藩，廣饒道明澂升贛臬，而以瑞補其遺缺也。瑞為斷送清社之罪魁，至此忽露頭角。此時大局已定，兩宮安返故都，宛然有日月重光、河田再造之氣象，而亡國根芽，已植於此。履霜堅冰，可懼也。

初九日，仍駐陝州。

初十日，自陝州啟鑾，出東門，行五十里，至陝州屬之張茅鎮駐蹕。此間地極狹窄，百官多不得棲宿處，皆驅車向前趲行。而晚間雨勢復大集，泥中顛播，異常困頓，至有在車中過夜者，凍餒交迫，窘況殊不可堪也。

十一日，巳刻自張茅鎮啟鑾，行四十五里，至陝州屬之觀音堂駐蹕。地勢益隘，余覓宿不得，乃冒雨前行，至英豪鎮住宿。此處已入澠池縣境矣。

十二日，大駕仍駐蹕觀音堂。予先由英豪鎮冒雨行二十五里，至澠池縣，即在澠池候駕。是處當崤山分支，沿途皆頑石橫梗，極礙車道。清道光十四年、光緒九年兩次興工鏟削，另闢新路。無如大車所載過重，砰訇磅礚，不久即成磊砢，十九皆震轗脫幅，須待修輯；故大駕不能不因之遲滯也。英豪鎮即杜詩所詠之石壕村。蒿目時艱，惓懷身世，與杜陵當日境地頗復相類，益不勝芒鞋露肘之感矣。

十三日，由觀音堂啟鑾，申刻至澠池縣駐蹕。

十四日，自澠池縣啟鑾，過石河鎮、義昌驛，至鐵門鎮駐蹕，已入新安縣境矣。連日陰雨，泥濘數尺，車行犖确，螺馬負重不勝，倒斃途次者，所在皆是。隨扈大駕，乃亦嘗此等苦況，行路之難，可為嘆息。是日有摺弁自湘中來，據云道過許州時，知予眷屬寓許州北關旅店，初六夜半，有盜夥二三十人，明火執仗，毀門而入，劫去銀洋，首飾無數，並用洋槍擊傷親兵、家丁各一人，親兵身受七槍，傷勢甚重，恐有性命之憂，惟眷口尚為平安云云。聞之駭絕。許州為豫省南路通衢驛道，並非僻地，闤闠逼近州城，列肆林立，儼然鬧市；乃盜夥竟敢公行肆劫，從容搜掠，殊不可解。少年婦女，無端受此驚悸，其何以堪！予以隨從屬車，孤身遠隔，僅憑摺弁口語，又不能詳及底蘊，五中焦灼，不可言狀。當發一電問訊。輾轉空床，竟至不能成寐。

十五日，午刻自鐵門鎮啟鑾，酉刻始抵新安縣，駐蹕。予與夢丹先行三十里，經磁澗鎮，知兩宮於明月當在此處中伙；十五里至谷水鎮，已入洛陽縣境；又二十五里，至河南府，於南門外逆旅住宿。是日風日清美，道路坦平，旬日以來，惟此一程最為暢適。沿途烽候堆房，皆一律新修，煥然耀目。次日往瞻行宮，則局勢宏麗，陳設皆備極精好。謂文守慘淡經營，已逾數月，殊不免有人勞鬼勞之感想。啟鑾前，迭諭沿途供應，不得逾侈以節民力，而文守仍復鋪張如此，殊失將順之義矣。文悌先為御史，戊戌政變，極力迎合，奏參新政人物，頗為輿論所不滿。此次聞向豫省請領八萬金，預備在洛供應；延方伯給以三萬，怏怏而回，仍就地羅掘以供所需，故一切部署，無不力從豐贍。又以重賂深結李蓮英，終日在李室，手持水煙袋當戶而立，與出入官員招呼點首以示得意。豫中同官，皆心鄙之。松撫每告所屬，謂我們河南現在已出了一個紅員，蓋即指文而言。臨潼之草率，此間之繁靡，正可謂過猶不及。蓋兩人各有目的，一圖現在之利，一覬將來之名。用意不同，出手因而各異；但論損上損下之區別，則猶覺彼善於此矣。申刻駕入洛城駐蹕。河帥錫良、前鄂撫于蔭霖、副憲張仁黼、前京尹顧璜，均來此迎駕。

自陝西西安府威寧縣京兆驛，至河南省河南府洛陽縣周南驛，計程七百八十里。自八月二十四日至九月十六日，途次共歷二十二天。先是此地預備寢宮，擬請皇太后、皇上同居一處，適侍郎桂春在汴，力言無此體制，諸多不便，乃臨時拓地改造。故皇上寢宮甚為逼窄，大阿哥住處尤窄。太后寢宮獨宏敞，後窗外有極大地坑，上安木門，可以燃炭，從地道通入室內，蓋預備在此過冬取暖也。行宮工程，原估二千四百串，現用至三萬餘兩云。

十七日，仍駐蹕河南府。奉旨須留駐五天。予早間於宮門外見于次帥。是日連得開封電，知眷屬尚無悉，親兵傷亦漸愈，為之稍慰。汪伯棠農部偕桂月亭侍郎自大梁來，過訪久談。昔年予從張樵野侍郎辦理日本商約，農部方在張宅為西席，朝夕相見。亂離之後，舊雨重逢，剪燭清宵，愈深情款；相與談及侍郎厄遇，均不覺為之于邑也。

十八日，仍駐蹕河南府。予與黃小宋太守璟、周左麾太守鉞，同乘馬出東門外，至一大寺尋碑。隋唐石刻，所在林列。摩挲往復，令人目不暇給。惜日色向暮，已不能盡辨字畫，恨不得學李陽冰，於碑下作三日寢處也。

十九日，仍駐蹕河南府。兩宮於召見軍機辦事後，辰刻即出宮，謁關帝陵，幸龍門、伊闕；進膳後，復幸香山寺。王公大臣，多半隨從。予亦前往侍班，因歷覽三龕、涌珠泉、賓陽洞諸勝跡。房廊戶牖，並加丹雘，與予夏間經此，已煥然改觀矣。伊水中流，望對岸香山寺，迤邐山半，遊人旋繞如蟻。水上造有浮樑，水白波平，天空如鏡。周廬星列，兵衛森羅，當不減羽獵長場之盛。度橋行里許，至香山寺，即唐時樂天九老結社處，俯瞰洛水，遠眺龍門，山半皆北朝造像。千龕古佛，密如蜂聚。寺內一廳事，屏間刻汪退谷先生書白太傅《香山寺記》，字大幾逾六寸，筋力雄偉，天骨開張；惜為俗工加飾粉漆，失其真趣，可嘆也。未刻駕還，仍於宮門外侍班。

二十日，仍駐蹕河南府。召見升允、松壽。先是自西安啟鑾，以秦撫升允為前路糧臺，負弩前驅。洎至潼關，豫撫松壽越境迎迓，上即命升回任辦賑。升奏謂：陝中賑事，藩司自能料理，臣願從至開封。故入豫後輦路事宜，皆兩撫同任照料。

二十一日，二十二日，仍駐蹕河南府。

二十三日晚有旨：大駕明日啟行。予乃先行登程。至洛城外，見有宋太祖廟，頹敗已甚，門外有石碑，高尋丈，「夾馬營」三字，大書深刻，蓋宋太祖降生處也。前行復有佛寺，規模極為宏敞。乃入內瞻仰，豐碑古篆，夾道林立，但塵封漫漶，不易辨識。有住持老僧，向之問該寺緣起，竟瞠目不能答。迴旋許久，不覺日暮，乃籠燭行三十五里，至義井鋪住宿。聞大駕明日過此中伙，已預備矣。

二十四日早，自河南府啟鑾，辰刻至義井鋪傳膳。予於宮門外侍班後，仍先行，抵偃師縣。申刻駕至，即在縣署行宮駐蹕。此地離河南府城七十里，本日輦道最長，故啟蹕特早也。是日，召見湖北荊襄鄖道朱其煊。

二十五日，辰刻自偃師縣啟鑾，申刻抵鞏縣駐蹕。予於是日早間，先出城行三十五里，至黑石關。大駕即於此處渡洛河。已造有浮橋，皆用民舟聯屬，上覆以板，板上更用土平築，宛如周行大道。行宮即在河畔。兩岸綠樹陰濃，群峰環拱，是一幅絕好圖畫。又三十五里，乃至鞏縣。大駕不久亦至；遂在宮門侍班。聞該縣近年頻遭洛水之患，橫流沖盪，廬舍一空，僅存基址；縣署在水中央，久為澤國。今年曾起行宮於城內高處，六月間河流暴漲，仍被衝決。後乃就縣署故基改築，戽水填土，墊高七八尺，鳩工庀材，計日而成。然視之頗覺堅固，崇墉屹址，殊不類新築者。城中民居，極為寥落，無屋可住。予乃前行出東門外，至離城三里之東寨住宿，是處似較繁盛。晤周敬輿直刺，留與共飯。予去秋過太原時，承其贈送棉被、墨硯等物，意甚殷渥。頃充孟犨緝私鹽局，偶聞予至，特來相訪。因為予述毓賢去年在山西殺戮洋人、教民、教士情狀，橫暴凶酷，慘無人理。以此山西一省，洋人要索賠款多至一千餘萬，大小官吏，以迎合毓意被罪誅夷降革者至數十百人。殃民誤國，貽害地方，區區一死，寧足以蔽其辜？然此時晉人亦尚有譽之惜之為之抱冤者，此則不可解也。

二十六日，巳刻自犨縣啟鑾，未刻抵汜水縣駐蹕。予以早間先行二十五里，至老健坡頂尖（屬開封汜水縣，已出河南府境矣）。連日亦皆行夾溝中，與前過華陰道上形勢無異。而今日路尤險隘，雖因輦路所出，已大加平治；然陂陀上下，崎嶇如故。聞此間舊僅村民數家，前任某道，特於溝途中穿鑿山穴，創造公館兩處；因此官差過此，稍得安置行李。現即就坡項建造行宮，寢殿三楹，憑高矗起，八面開窗，可以凌空四望。東瞻嵩少，西瞰黃河，風景壯闊，心目為之一爽。兩旁復道迴廊，逶迤曲折，皆就地勢布置，結構頗具匠心。下坡三十五里，即汜水縣，遂在宮門伺駕。城內僅有一街，餘則平疇一碧，麥田彌望，絕類曠野。縣署亦為水漂沒，向假書院作公廨，現即就書院遺址。別築行宮，規制亦頗宏敞。時值菊花盛開，庭階廊廡，盆盎羅列，五色錯雜如雲錦，殊覺別饒風致。是日得李傅相自京電奏，謂：「病勢危篤，請速派大臣接替以資鎮攝。」蓋其時慶邸已出京赴行在，傅相特請命其還都，繼任辦理和議也。兩宮得奏後，甚為廑念。太后曾召予語及，至為之流涕，謂大局未定，倘有不測，這如此重荷，更有何人分擔？予於傳相受特別知遇，就私誼論，固然不免惻惻；即為國家而論，中流失船，前途險狀，寧復堪以設想？繞屋徬徨，焦切萬狀。適孫慕韓觀察移行李來，就予同室，聯床夜話，心緒賴以消解。然不久慕公入睡，宵深人靜，棖觸百端，竟至不能成寐；天未向曙，即拔衣起，坐以待旦。

二十七日，辰刻自汜水縣啟鑾，未刻行抵開封府屬之滎陽縣駐蹕。行宮寢殿，陳設並皆雅素，於樸質之中，含有一種渾穆氣象，反覺別開生面，如入羲皇境界。宮內亦皆遍藝菊花，廊牙牆角，遍地皆是，而種類尤多於汜水。或大如盤盂，或細如松子，奇形異態，五色紛錯，率皆目所未見之物，不知從何處羅致而來，想亦費幾許經營也。旋得京師來電：合肥相國，已於今日午刻逝世。得此噩耗，兀如片石壓入心坎中，覺得眼前百卉，立時皆呈慘色。聞兩宮並震悼失次；隨扈人員，乃至宮監衛士，無不相顧錯愕，如樑傾棟折，驟失倚恃者。至此等關鍵，乃始知大臣元老為國家安危之分量。想此時中外朝野，必同抱有此種感想；即平時極力詆毀之人，至此亦不能不為之扼腕？公道所在，殆不可以人力為也！公之隆勛偉績，自表表在人耳目。晚年因中日一役，未免為輿論所集矢。然自此番再起，全國人士，皆知扶危定傾，拯此大難，畢竟非公莫屬，漸覺譽多而毀少。黃花晚節，重見芬香，此亦公之返照也。是日奉諭：「王文韶著署理全權大臣。」又諭：「直隸總督兼北洋大臣，著袁世凱署理，未到任以前，著周馥暫行護理。」又諭：「山東巡撫，著張人駿調補。」

予以後進，獲從公帡字之下，晨夕左右，幾逾一載。承公以通家子弟相待，所以督勵而訓誨之者，無所不至。每飯必招予共案，隨意談論，伺其宴息而後退。故於公之言論風概，習之頗稔。公每日起居飲食，均有常度。早間六七鐘起，稍進餐點，即檢閱公事；或隨意看《通鑒》數頁，臨王聖教一紙。午間飯量頗佳，飯後，更進濃粥一碗、雞汁一杯。少停，更服鐵酒一盅，即脫去長袍，短衣負手，出廊下散步；非嚴寒冰雪，不御長衣。予即於屋內伺之，看其沿廊下從彼端至此端，往復約數十次。一侍家人伺門外，大聲報曰：「夠矣！」即搴簾而入，瞑坐皮椅上，更進鐵酒一盅。一侍者為之撲捏兩骰；良久，始徐徐啟目曰：「請君自便，予將就息矣，然且勿去。」時幕中尚有于公式枚等數人，予乃就往坐談。約一二鐘，侍者報中堂已起。予等乃復入室；稍談數語，晚餐已具。晚間進食已少。飯罷後，予即乘間退出，公亦不復相留，稍稍看書作信，隨即就寢。凡歷數十百日，皆一無更變。

其時公自北洋罷任，以總理各國事務大臣，久居散地，終歲僦居賢良寺。翁常熟當國，尤百計齬齕之。公益不喜接客，來者十九報謝，因而門戶亦甚冷落。公意殆不能無鬱鬱，然有憤慨而無怨誹。每盱衡時事，撫膺太息，其忠忱悱惻之意，溢於言表。嘗自謂：予少年科第，壯年戎馬，中年封疆，晚年洋務，一路扶搖，遭遇不為不幸，自問亦未有何等隕越；乃無端發生中日交涉，至一生事業，掃地無餘，如歐陽公所言「半生名節，被後生輩描畫都盡」，環境所迫，無可如何。又曰：「功計於預定而上不行，過出於難言而人不諒，此中苦況，將向何處宣說？」又曰：「我辦了一輩子的事，練兵也，海軍也，都是紙糊的老虎。何嘗能實在放手辦理？不過勉強塗飾，虛有其表，不揭破猶可敷衍一時。如一間破屋，由裱糊匠東補西貼，居然成一淨室，雖明知為紙片糊裱，然究竟決不定裡面是何等材料，即有小小風雨，打成幾個窟窿，隨時補葺，亦可支吾對付。乃必欲爽手扯破，又未預備何種修葺材料，何種改造方式，自然真相破露，不可收拾，但裱糊匠又何術能負其責？」又曰：「言官制度，最足壞事。故前明之亡，即亡於言官。此輩皆少年新進，毫不更事，亦不考究事實得失、國家利害，但隨便尋個題目，信口開河，暢發一篇議論，藉此以出露頭角；而國家大事，已為之阻撓不少。當此等艱難盤錯之際，動輒得咎，當事者本不敢輕言建樹；但責任所在，勢不能安坐待斃。苦心孤詣，始尋得一條線路，稍有幾分希望，千盤百折，甫將集事，言者乃認為得間，則群起而訌之。朝廷以言路所在，又不能不示加容納。往往半途中梗，勢必至於一事不辦而後已。大臣皆安位取容，苟求無事，國家前途，寧復有進步之可冀？」又曰：「天下事，為之而後難，行之而後知。從前有許多言官，遇事彈糾，放言高論，盛名鼎鼎；後來放了外任，負到實在事責，從前芒角，立時收斂，一言不敢妄發；迨至升任封疆，則痛恨言官，更甚於人。嘗有極力訐我之人，而俯首下心，向我求教者。顧臺院現在，後來者依然踵其故步，蓋非此不足以自見。制度如此，實亦無可如何之事也！」言至此處，以足頓地，若猶有餘怒者。

公平素最服膺曾文正公，啟口必稱「我老師」，敬佩殆如神聖。嘗告予：「文正公你太丈人，是我老師，你可惜未曾見著，予生也晚呵！我老師文正公，那真是大人先生。現在這些大人先生，簡直都是秕糠，我一掃而空之。」又曰：「我老師實在利害。從前我在他大營中從他辦事，他每天一早起來，六點鐘就吃早飯，我貪睡總趕不上，他偏要等我一同上桌。我沒法，只得勉強趕起，胡亂盥洗，朦朣前去過卯，真受不了。迨日久勉強慣了，習以為常，也漸覺不甚吃苦。所以我後來自己辦事，亦能起早，才知道受益不盡，這都是我老師造就出來的。」又曰：「在營中時，我老師總要等我輩大家同時吃飯；飯罷後，即圍坐談論，證經論史，娓娓不倦，都是於學問經濟有益實用的話。吃一頓飯，勝過上一回課。他老人家又最愛講笑話，講得大家肚子都笑疼了，個個東歪西倒的。他自家偏一些不笑，以五個指頭作把，只管捋鬚，穆然端坐，若無其事，教人笑又不敢笑，止又不能止，這真被他擺布苦了。」又曰：「別人都曉得我前半部的功名事業是老師提挈的，似乎講到洋務，老師還不如我內行。不知我辦一輩子外交，沒有鬧出亂子，都是我老師一言指示之力。從前我老師從北洋調到南洋，我來接替北洋，當然要先去拜謁請教的。老師見面之後，不待開口。就先向我問話道：『少荃，你現在到了此地，是外交第一衝要的關鍵。我今國勢消弱，外人方協以謀我，小有錯誤，即貽害大局。你與洋人交涉，打配作何主意呢？』我道：『門生只是為此，特來求教。』老師道：『你既來此，當然必有主意，且先說與我聽。』我道：『門生也沒有打什麼主意。我想，與洋人交涉，不管什麼，我只同他打痞子腔（痞子腔蓋皖中土語，即油腔滑調之意）。』老師乃以五指捋鬚，良久不語，徐徐啟口曰：『呵，痞子腔，痞子腔，我不懂得如何打法，你試打與我聽聽？』我想不對，這話老師一定不以為然，急忙改口曰：『門生信口胡說，錯了，還求老師指教。』他又捋鬚不已，久久始以目視我曰：『依我看來，還是用一個誠字，誠能動物，我想洋人亦同此人情。聖人言忠信可行於蠻貊，這斷不會有錯的。我現在既沒有實在力量，盡你如何虛強造作，他是看得明明白白，都是不中用的。不如老老實實，推誠相見，與他平情說理；雖不能佔到便宜，也或不至過於吃虧。無論如何，我的信用身分，總是站得住的。腳踏實地，蹉跌亦不至過遠，想來比痞子腔總靠得住一點。』我碰了這釘子，受了這一番教訓，臉上著實下不去。然回心細想，我老師的話實在有理，是顛撲不破的。我心中頓然有了把握，急忙應聲曰：『是是，門生准遵奉老師訓示辦理。』後來辦理交涉，不論英俄德法，我只捧著這個錦囊，用一個誠字，同他相對，果然沒有差錯，且有很收大效的時候。古人謂一言可以終身行，真有此理。要不是我老師的學問經濟，如何能如此一語破的呢？」

又曰：「我老師的秘傳心法，有十八條《挺經》，這真是精通造化、守身用世的寶訣。我試講一條與你聽：一家子，有老翁請了貴客，要留他在家午餐。早間就吩咐兒子，前往市上備辦餚蔬果品，日已過巳，尚未還家。老翁心慌意急，親至村口看望，見離家不遠，兒子挑著菜擔，在水塍上與一個京貨擔子對著，彼此皆不肯讓，就釘住不得過。老翁趕上前婉語曰：『老哥，我家中有客，待此具餐。請你往水田裡稍避一步，待他過來，你老哥也可過去，豈不是兩便麼？』其人曰：『你叫我下水，怎麼他下不得呢？』老翁曰：『他身子矮小，水田裡恐怕擔子浸著濕，壞了食物；你老哥身子高長些，可以不至於沾水。因為這個理由，所以請你避讓的。』其人曰：『你這擔內，不過是菜蔬果品，就是浸濕，也還可將就用的；我擔中都是京廣貴貨，萬一著水，便是一文不值。這擔子身分不同，安能叫我讓避？』老翁見抵說不過，乃挺身就近曰：『來來，然則如此辦理：待我老頭兒下了水田，你老哥將貨擔交付於我，我頂在頭上，請你空身從我兒旁邊岔過，再將擔子奉還。何如？』當即俯身解襪脫履。其人見老翁如此，作意不過，曰：『既老丈如此費事，我就下了水田，讓爾擔過去。』當即下田避讓。他只挺了一挺，一場爭競就此消解。這便是《挺經》中開宗明義的第一條。」云云。予尚傾耳恭聽，謂當順序直說下去；乃至此已止，竟不復語。予俟之良久，不得已始請示第二條。公含笑揮手曰：「這此一條，夠了夠了，我不說了。」予當時聽之，意用何在，亦殊不甚明白；仔細推敲，大抵謂天下事在局外吶喊議論，總是無益，必須躬自入局，挺膺負責，乃有成事之可冀。此亦臆度之詞，究不知以下十七條，尚作何等語法也。

公又言：「我老師道德功業，固不待言，即文章學問。亦自卓絕一世；然讀書寫字，至老不倦。我卻愧一分傳受不得，自悔盛年不學，全恃一股虛矯之氣，任意胡弄，其實沒有根底。現在真實學問，已用功不進，只好看看《通鑑》，稍知古人成敗之跡，與自己生平行事，互相印證，藉以鏡其得失，亦尚覺有點意趣。」云云。於此正足見公之晚年進德，其虛心篤實為不可及。公又言：「國際上沒有外交，全在自己立地。譬於處友，彼此皆有相當資格，我要聯絡他，他亦要聯絡我，然後夠得上『交』字，若自己一無地步，專欲仰仗他人幫忙，即有七口八舌，亦復無濟於事。我從前初到上海，洋兵非常居奇驕倨，以為我必定全副仰仗於他，徘徊觀望，意存要挾。他看見我們兵士外觀藍縷，益從旁目笑，道是一群丐子，如何可以打仗？我一逕不去理會，專用自己軍隊去打。打過幾次，他看得有點能力，漸欲湊上前來，我益發不請教他。後來連打勝仗，軍聲漸振。見我不求他助，反覺沒得意思，再三來告奮勇。我謂幫我打固是甚好，但須受我指揮節制，功賞罪罰，一從軍令。彼亦一一認可，然後用之。果然如約服從，成了大功，戈登亦得盛名。我若自己軍隊不濟，他決不肯出力相幫；否亦成喧賓奪主之勢，不知要讓他佔了多少便宜。但當時還可獨當一面，自由作主，又有我老師主持其間，所以能完全收效。後來地位雖高，卻反無一事可以自主。內外牽掣，無過已算僥倖，安能更望有功耶？」

公又言：「今人多諱言『熱中』二字，予獨不然。即予目前，便是非常熱中。仕則慕君；士人以身許國，上致下澤，事業經濟，皆非得君不可。予今不得於君，安能不熱中耶？」未幾，以賀英皇〔按：應爲「俄皇」〕加冕出使，並順道遊歷各國。以公之身分名位，此等使差，並不算一回事。然公意頗似非常愉快，嘗向予等作得意語曰：「我辦外洋交涉數十年，不敢謂外人如何仰望；但各國朝野，也總算知道中國有我這樣一人，他們或喜歡與我見面談談，也是普通所有之事。究竟耳聞不如目見，我亦藉此周歷一番，看看各國現象，可作一重底譜。在各國尚有許多老友，昔年均柄過國政，對手辦事，私交上頗相投契的，現在多已退老山林，乘便相訪一遭，亦是快事。」啟節時，予等有十數人送之出東便門，在於家衛午尖，離城二十餘里。是日適有大風，揚沙撼木，車行極為困頓。抵衛時，有大、宛兩縣在此辦差，就一民房外加紮天棚，即於棚中設席，合尊促坐。棚搖搖震撼作聲，如欲拔地飛去。飛塵眯目，席間盤盂杯盎，悉被掩蓋，幾無物可以下箸。而公高談健食，意興豪舉，謂吾自少年以至現在，凡有出門行動，非狂風即暴雨，海行則無一次不遇驚濤駭浪，不知何故。眾或諛言：中堂豐功盛德，所以雨師風伯，皆來祖道。公笑謂：此則不敢。但吾當亦不至獲罪於天，何以節節與我為難耶？頻行，復環顧曰：「承諸君遠道相送，厚意殊可感。予此次乃輿櫬而行，萬里長途，七旬老物，歸時安必能與諸君重見？惟望努力前程，各自珍重。」眾乃謂中堂精神矍鑠，將來尚須主持國是，重作一番偉業。公亦笑而頷之。語雖沉痛，而神氣並不沮喪，所以卒能平安返國，重膺柄用，式洽當時頌禱也。

公平日神態和煦，語氣亦甚肫摯可親；而有時乃極嚴重，真有望之儼然即溫言厲之致。其督直隸時，予曾與一卸任知縣同見。公問其在縣有何政績？其人曰：「卑職識淺才迂，以勤補拙，不敢遽言政績；惟裁革陋規一事，差覺為地方除一弊政耳。」公問何項陋規，何時裁革，何以我未見過該縣詳報？曰：「某項陋規，每年可得一千數百串，向來均無報銷。卑職以為例外收入，法所不應，故決計為之裁革。業於日前通詳大憲，日內當可上達鈞覽。」公即怫然變色曰：「爾在任已兩年有餘，何以早不裁革，乃於臨卸任始行詳報？這明明是賣陋規，何謂裁陋規！貪壑已填，乃侵攘後任之所得，以博倍價而市美名，既玷官方，亦乖道誼，居心可謂巧詐。此種伎倆，豈能向我處嘗試？我即日派委查辦，如查得情實，立於揭參，不爾貸也！」其人赧然不能答。聞後來委查結果，果繫於臨去時向納規者通說，要約數倍之入，而以永遠裁革、具文詳報者。此令旋登白簡，聞者莫不稱快。

公在直督時，深受常熟排擠，故怨之頗切，而尤不慊於項城。在賢良寺時，一日項城來謁，予亟避入旁舍。項城旋進言：「中堂再造元勛，功高汗馬。而現在朝廷待遇，如此涼薄，以首輔空名，隨班朝請，跡同旅寄，殊未免過於不合。不如暫時告歸，養望林下，俟朝廷一旦有事，聞鼓鼙而思將帥，不能不倚重老臣。屆時羽檄征馳，安車就道。方足見老成聲價耳。」語未及已，公即厲聲呵之曰：「止！止！慰廷，爾乃來為翁叔平作說客耶？他汲汲要想得協辦。我開了缺，以次推升，騰出一個協辦，他即可安然頂補。你告訴他，教他休想！旁人要是開缺，他得了協辦，那是不干我事。他想補我的缺，萬萬不能！武侯言『鞠躬盡瘁，死而後已』，這兩句話我也還配說。我一息尚存，決不無故告退，決不奏請開缺。臣子對君上，寧有何種計較？何為合與不合？此等巧語，休在我前賣弄，我不受爾愚也。」項城只得俯首謝過，諾諾而退。項城出後，公即呼予相告曰：「適才袁慰廷來，爾識之否？」予曰：「知之，不甚熟。」曰：「袁世凱，爾不知耶？這真是小人！他巴結翁叔平，來為他作說客，說得天花亂墜，要我乞休開缺，為叔平作成一個協辦大學士。我偏不告退，教他想死！我老師的《挺經》。正用得著，我是要傳他衣缽的。我決計與他挺著，看他們如何擺布？我當面訓斥他，免得再來羅唕。我混了數十年，何事不曾經驗。乃受彼輩捉弄耶？」予見其盛氣之下，至不敢更進一語，蓋項城先固出公門下，頗受獎植；此時公在閒地，而常熟方得權用事，不免有炎涼去就之世故，因怨常熟而並及之。其一時忿語如此，蓋蓄之已久，非一朝夕間事矣。

有一次，尤使項城難受。公自出使回國後，駐節天津，尚未覆命。予與直省印委候補人員同起進見。其時項城已授直臬，尚未到任，專任練兵，以監司資格，當然首領班列。入坐後，寒暄數語，項城即面陳練兵事宜，謂現在部署粗定，德教習亦已選聘，日內訂立合同。詞尚未畢，公即勃然變色，舉所持手杖，連用力頓地，砰訇作響，曰：「呸；小孩子，你懂得什麼練兵！又是訂什麼合同！我治兵數十年，現在尚不敢自信有何等把握。兵是這樣容易練的？難道雇幾個洋人，抗上一桿洋槍，念幾聲『橫土福斯』，便算是西式軍隊麼？」項城至面赭不能語。同班中皆直省僚屬，甚難為情，群俯首不敢相顧視。蓋項城時已隆隆然漸露頭角，公若有意挫折之者。真可謂薑桂之性，老而愈辣矣。

公自出使回國後，常自持一手杖，頃刻不釋，或飲食作字，則置之座側，愛護如至寶。此手杖亦頗有一段歷史。先是公任北洋，有美前總統某君（忘其名）來華遊歷，公宴之於節署。美總統攜杖至，公即接而玩之，反覆愛弄不忍釋。美總統似知其意，由翻譯傳語曰：「中堂愛此杖耶？」公曰：「然。此杖實可喜。」總統曰：「中堂既愛此，予本當舉以奉贈；惟此杖為予卸任時，全國紳商各界，公製見送，作一番紀念者，此出國民公意，予不便私以授人。俟予回國後，將此事宣布大眾；如眾皆贊可，予隨後即當奉寄致贈，用副中堂雅意。」公委曲謝之，後來亦遂不相聞。此次公遊歷至美，聞某前總統已故，其夫人尚在，獨居某處。公特以舊誼前往訪問，夫人甚喜，即日為公設宴，招致紳商領袖百餘人列席相陪。席散後，夫人即把杖立臺上，當眾宣告，謂：「此杖承諸君或其先德，公送先夫之紀念物。先夫後來旅遊中國，即攜此同行。當時李先生與先夫交契，見而喜愛。先夫以出於諸君公送，未便即時轉贈，擬徵求諸君同意，再行郵寄。未及舉辦，先夫旋即去世，曾以此事告予，囑成其意。輾轉延擱，已隔多年。今幸李先生來此，予敬承先夫遺囑，請命於諸君，是否贊同此舉，俾得為先夫完此夙願。」於是滿堂賓客，一致歡呼拍手，夫人遂當眾以雙手舉杖奉公。公以此更為得意，故愛之獨摯。此杖首間鑲有巨鑽，大逾拇指，旁更以小鑽石環之，周圍如一線，晶光璀璨，閃閃耀人目。通體裝飾，皆極美麗精緻；殊不識是何質干，聞亦一種絕貴重之材料。據言以價格論，至少當值十數萬金。其實公當時不過視同玩物，殊未辨其價值輕重，而美總統如此慷慨，亦屬難得。此事與季子掛劍一段故實，頗約略相似；而一死一生，恰復易地相反。難得有此夫人，從中玉成。千秋佳話，中外輝映，可喜也。

予於賢良寺時，伺公最久；出使回國後，亦數數見面，隨時出入。未幾，公即總制兩粵，予亦就任懷來，南北暌離，無緣晉接。然每憶經年共處，聲音笑貌，歷歷在目。此次天南返節，重鎮畿疆，方喜隨扈入都，可以重瞻色笑；不意大勛未集，樑木先頹，萬古雲霄，感痛寧有極耶？

本日內閣奉上諭：「朕欽奉慈禧端佑康頤昭豫莊誠壽恭欽獻崇熙皇太后懿旨，大學士一等肅毅伯直隸總督李鴻章，器識淵深，才猷宏遠，由翰林倡率淮軍，戡平髮捻諸匪，厥功甚偉。朝廷特沛殊恩，晉封伯爵，翊贊綸扉，覆命總督直隸，兼充北洋大臣。匡濟艱難；輯和中外；老成謀國，具有深衷。去年京師之變，特派該大學士為全權大臣，與各國使臣妥立和約，悉合機宜。方冀大局全定，榮膺懋賞，遽聞溘逝，震悼良深。李鴻章著先加恩照大學士例賜恤，賞給陀羅經被，派恭親王溥偉帶領侍衛十員，前往奠醊；予謚文忠，追贈太傅，晉封一等侯爵，入祀賢良祠，以示篤念藎臣至意。其餘飾終典禮，再行降旨，欽此。」此雖照例文字，然當時流離道路之中，天下宗周，人心思漢，王言綸綍，猶為人所重視。秉筆者亦尚能稱情達意，悱惻動人，捧讀之餘，不覺為之感泣也。

二十八日辰刻自滎陽啟鑾，行三十里至趙村尖。予於宮門侍班後，即前驅四十里至鄭州。未至五六里間，有一車迎面而來，漸近視之，則奭召南觀察也。觀察上年任湖北荊宜施道，予抵鄂中，屢以書邀予前赴荊州，設宴款待，異常殷摯，並致厚贐。正在席間暢飲，忽得急報，乃為鄂撫于中丞參劾罷職，令人為之意索。此次蓋由京來此迎鑾者。奭為榮相門人，此來實受榮意，藉圖開復。榮並囑予於內奏事處為之左右。當晚聞駕至鄭州，有旨駐蹕二日。

二十九日，仍駐蹕鄭州。召見奭良。先是駕至汜水，升中丞迎駕後即乘馬先行。忽有大車並軌奔馳，直衝前道，當令拿住。訊姓名，堅不肯說，即責以四十鞭。那王以前隙，乃奏參升允擅行鞭責宗室侍衛。蓋此人固宗室侍衛，名海鳴，升亦奏辯，上派禮王查復。本日奉諭：侍衛海鳴，不應乘車奔馳，又不聲明宗職，咎有應得；那彥圖並未查明實情，率行具奏，跡近報復；該撫尚未查訊明白，即事鞭責，亦有不合。升允著交部察議。此後如有官弁、太監人等恃強滋事，仍著升允、松壽隨時據實參辦。不得因此案稍涉瞻徇云云。此案當時各報紙紛紛議論，大都右升而惡那，謂不應加升以處分。但那已被議在先，海又被責，受虧在前，亦藉此以平之也。

三十日仍駐蹕鄭州。奉上諭：降調荊宜施道奭良，著開復降調處分，以道員發往江蘇，遇缺即補。合浦珠還，予為之欣賀不置。是日奉旨，蒙賞予袍褂料，並燕窩、魚翅、蓮子、大棗、藕粉等食物。

十月一日，辰刻自鄭州啟鑾。行三十里至圃田尖；更行四十里，申刻至中牟縣駐蹕。

初二日，辰刻自中牟縣啟鑾，行三十里至韓莊尖，已入祥符縣境；更行四十里，申正抵開封省城駐蹕。闔省文武，均於城外迎駕。行宮陳設極壯麗，入內瞻仰一周，儼然有內廷氣象矣。是日，慶邸自京師來此。當即召見，垂詢都中情狀甚悉。良久始退出，見予即呼至朝房，匆匆慰勞數語。予見其忙冗，亦即告退。本日諭：奉懿旨，皇太后萬壽典禮，概行停止。

由河南府洛陽縣周南驛，至現在開封府祥符縣大梁驛，計程四百五十里，沿途共歷八天。

初三日，駐開封。召見慶王。慶以李相遺疏遞上。上諭：奉懿旨，略謂上年京師之變，該大學士忠誠堅忍，力任其難，宗社復安，朝廷攸賴。近日因病，迭經降旨慰問，該大學士力疾從公，忠靖之忱，老而彌篤，乃驟患咯血，遽爾不起。難危之交，失此柱石重臣，曷勝愴慟。前已加恩云云，著再賞銀五千兩治喪。立功省分，建立專祠；政功戰績，宣付史館。伊子李經述，著賞給四品京堂，承襲一等侯爵；李經邁著以四五品京堂用，李經方服闋後以道員遇缺簡放。伊孫李國傑，著以郎中即補；李國燕、李國煦著以員外郎分部行走；李國熊、李國燾著賞給舉人，一體會試云云。忠勛遺蔭，澤被一門。文忠之功固偉，朝廷之報亦隆，疊祉稠恩，有加無已。嗚呼，可以勸矣！

初四日，仍駐開封。召見慶王。是日奉諭：刑部尚書著張百熙調補；葛寶華補授工部尚書。又諭：戶部右侍郎著陳邦瑞調補，刑部右侍郎著沈家本補授。

初五日，仍駐開封。召見慶王。上諭：奉懿旨，奕劻著加恩在紫禁城內乘坐二人肩輿。普通皆用上諭，惟文忠及慶邸恩命均稱懿旨，殆以舊勛宗望，特示優崇之意耶？

初六日，仍駐開封。連日均召見慶邸，是日乃請訓回京。午後予往謁送，談及彼去年在懷來養病，予照料如何周至，極示感謝。並稱予對於兩宮之忠誠盡職，至以「疾風知勁草，板蕩識忠臣」之語相獎，轉令予為之赧赧也。

初七、初八、初九日，均駐蹕開封。

初十日，仍駐開封。皇太后萬壽，百官皆蟒袍補服，詣宮門外排班，行朝賀禮。午刻，司房太監首領傳旨頒賞。予蒙賞給大緞二匹，江綢袍褂料一卷，並蒙加賚橄欖、魚翅、燕窩、桂圓、藕粉、蜜棗糕等食物多品。衣料尚為例賞，餘物向惟親貴大臣始得沾溉，予亦與及，可為逾格異數。慕韓觀察時與王稚夔京卿同在軍機處譯電，寒夜服務，手僵指凍，甚為辛苦，乃此次竟未之及。予偶言之於李監，即蒙補賞匹頭二件，予由司房代為領出，李監併當面慰勞之。

是日，李浩齋丙吉自京師來，新援例入官，以直隸州分發直隸，此次由直隸承辦皇差，總局派在宮門伺應。李君係予懷來任內延訂幕友，履任時，為予接受前任交代，嗣就他聘，乃舉孫鶴巢明經自代。予去年倉猝隨扈，後任未至，一切城防籌辦及後來交代事宜，均由孫君代任其事。會計友王君濟卿佐之，忠誠懇摯，極為得力。今王君已納粟入官，得有差事。李、孫二君，亦同來大梁。劫後重逢，悲喜交集，連日沽酒暢談，常至子夜。予仍延訂孫君入幕，同赴廣東，承欣然允可，為之快慰。

十一、十二、十三、十四日，均駐開封。

十五日，內閣奉上諭，略謂：政務處奏請飭各省速辦學堂等語，建學儲才，實為當今急務。查袁世凱所奏山東學堂事宜及試辦章程，其教規程課，參酌中西，而諄諄於明倫理循理法，尤得成德達材、本末兼賅之道。著政務處即將該署督原奏並單開章程通行各省，立即仿照舉辦云云。此一道上諭，實為吾國興學之濫觴，不可謂非學界中一重掌故，亦數典者所當及也。

十六、十七、十八、十九日，均駐開封。

十月二十日，仍駐開封。是日上諭：奉懿旨，溥儁著撤去大阿哥名號，立即出宮，加恩賞給入八分公銜俸，毋庸當差云云。此事予前在西安面奏，太后曾有「爾且勿說，到開封即有辦法」之諭，予以為一時權應之語，事過即忘。至此果先自動撤廢，足見太后處事之注意。聞溥儁性甚頑劣，在宮時，一日德宗立廊下，彼突從背後舉拳擊之，德宗至仆地不能起，以後哭訴太后，乃以家法責二十棍。如此行徑，何能承宗社之重？如廢立早行，此次更不知鬧成何等世界也。平日對諸宮監，亦無體統；眾皆狎玩而厭惡之。奉諭後，即日出宮，移處八旗會館。太后給銀三千兩，由豫撫松壽派佐雜三員前往伺應。隨身照料者，只有一老乳媼。出宮時，涕淚滂沱，由榮中堂扶之出門，一路慰藉，情狀頗覺淒切。宮監等均在旁拍手，以為快事也。

二十一日，仍駐開封。是日奉諭：派慶邸等會同前步軍統領看視紫禁域值班兵丁獎賞。

二十二日，仍駐開封。

二十三日，仍駐開封。是日奉上諭：安徽巡撫著聶緝槼調補，恩壽補江蘇巡撫，陳夔龍署漕運總督。

二十四日，仍駐開封。是日奉諭：明年會試，著展至癸卯舉行；順天鄉試，於明年八月間暫借河南貢院舉行；河南本省鄉試，著於十月舉行；次年會試，仍就河南貢院辦理。在如此倉皇播越之中，而對於下年之鄉、會試，尚復兢兢注意，足見當時視取士之典，尚為鄭重，猶有汲汲求賢之遺意也。

二十五日，仍駐開封。是日奉上諭：核定學堂選舉獎勵章程。學校畢業之有舉人進士名目，即始於此。

二十六日，仍駐開封，召見升允。蓋升帥預備恭送啟鑾後，即自開封回任也。

二十七日，仍駐開封。

二十八日，仍駐開封。是日諭：奉懿旨，以回鑾在即，班賞有功人員。李鴻章著再賜祭一壇，伊子李經邁以三四品京堂候補；慶親王奕劻，賞食親王雙俸；大學士榮祿，賞戴雙眼花翎，並加太子太保銜；王文韶賞戴雙眼花翎；兩江總督劉坤一加太子太保銜；湖廣總督張之洞、直隸總督袁世凱，均加太子少保銜。餘如聯芳、那桐、張翼、周馥等，均升賞有差。

二十九日，仍駐開封。

三十日，仍駐開封。召見醇王，賜膳。

十月初一日，仍駐開封。是日奉上諭：盛宣懷、赫德，均賞加太子少保銜。外人加宮保銜。於此為創典矣。

初二日，仍駐開封，召見醇王、升允。

自西安以至開封，予奉命辦理前站，對於所過地方承應官吏，無不為之格外斡旋，因皆浼予提點一切。凡遇為難之處，予悉為之負責。執事宮監，亦不敢十分挑剔。在地方既省無數煩費，而差事轉易就緒，因皆感激不置。予若仿岑辦法，與內監聯絡一氣，本可以大有生發；而予絲毫不敢有所沾溉，即從人夫役，均刻意檢束，不敢稍招聲氣。至陝州時，晤顏小夏觀察由湘中解送貢品來此，一見即握手曰：「君充偌大差使，頂括括的吳大人，吾謂必輝煌顯赫，無人不曉；乃到處找問，竟似若有若無。不甚知道的光景。熱宮冷做，難為君做到如此無聲無臭，真令我五體投地矣。」然予竟以此故，賠累至數萬金，反攬成滿身債負。處膏不潤，在旁人咸笑為大愚，不過反之於心，固聊覺安帖無愧耳。

隨扈諸親貴內監，於予雖勉強對付，尚無惡感；然總覺事事夾在其間，為彼障礙，致不能有所生發。樞臣中亦皆嫌予木強迂腐，不善逢迎仰體，總得離開輦道為快。內外合謀，又似前在太原光景。不知如何擺布，竟入彼輩彀中矣。

車駕自開封啟路之前數日，忽自內廷傳旨：吳永著迅赴廣東新任，毋庸隨扈云云。予奉命之下，始知受彼等排擠；但念既無所圖利，亦無所瞻戀，跳出是非窠，於計亦得。遂將募雇夫役馬匹，一一解散，結束經手事件，預備即由開封挈眷首途矣。

俞夢丹君啟元。亦同在「毋庸隨扈」之列，彼係以道員分發江蘇。同日於便殿召見。太后意殊惓惓，諭謂：「爾兩人患難相從，跋涉數千里，異常勞苦。今回鑾各事，具有端緒；此去京師，為途已近，途中亦無甚事可辦。徒累爾等重滋勞費，予心甚感不安。所以且令毋庸隨扈，藉可稍資休息。惟是相處日久。一旦遣去，殊覺難堪耳。」稍停，又曰：「吳永，汝忠勤可嘉。汝今遠去，予實非常惦念。」言次，以緋色縐帕頻頻拭淚，復言：古人君臣知遇，輒稱感激涕零，今始知並非虛話。想汝此去，心中當亦未能釋然，此真夠到資格矣。但予亦不得不放汝去，言下之意，似請此事出於軍機主張者。繼又曰：「汝且先到任亦好，吾知一年以來，汝亦盡夠賠累矣。啟元，汝亦可料理引見到省，此是正經事。」予兩人均叩頭謝，旋奉恩賞御筆「福」字各一方，銀各千兩；予又蒙皇太后特賞太夫人御筆「福」字一方。恩意稠疊，令人不能不生感激。太后意謂粵中著名繁富，一經到任，即可滿載，可以籍資彌補，不知廣東道缺，自張文襄裁撤規費後，癯瘠已甚，雷瓊道每歲所入，實不過一萬一千金，高廉、惠潮等缺，僅七八千耳。

予雖奉命赴任，然仍諭俟大駕啟蹕再行。即以人情論，一切差務亦不能使爾棄置勿顧。一方自飭行事，一方又須兼顧宮門。此兩日中，上自兩宮、王公，以及隨扈大臣、宮監、部署司員，均須檢束行李。全城紛擾，一如在西安啟鑾時。打捆者，扛抬者，傳夫者，索馬者，紛紛擾擾，喧呶不絕。地方辦差人員，無法應給，以予接洽有素，仍事事向予嘵聒。而自己又須趁此趕辦赴任手續，領文憑，謁吏部，公私交迫，忙碌殆不可言狀。是時大冢宰為壽州孫公家鼐，少宰為浙江陳公邦瑞，司員則丁君衡甫、蔣君稚鶴也。

十一月初三日，天氣忽變，風霰交作。予念明日為啟鑾之期，萬一風雪不止，非特扈送人員諸感困難，且慮黃河浪涌鑾舟不得安渡，則千乘萬騎，頓滯河干，勢將無法安置。在事人員大率同抱此杞憂，但又不得不照舊預備。是日中，予衝風冒雪，往來奔走，幾無頃刻停趾，至竟夜不得休息。視天色向曙，始撥冗趨赴榮相寓邸，一行辭別。蓋榮相待予頗厚，彼北轍而予南轅，自茲一別，動經年歲，不能不一申臨歧之意也。榮相亦正備啟程，乘輿已駕，門內外均鵠立伺候。匆促出見，詞意甚殷渥，謂：「君既定南向履新，咱們異日須在都中把晤矣。」予謂：「嶺海萬里，從此瞻天路遠，正恐趨侍無期。」曰：「這何至此？」予曰：「道缺循例須六年俸滿，始可送部引見。法令所定，安能自由？」曰：「爾盡放心前去。要回京都，這還不容易麼？早則年底，遲則明春，準可在都相見。暫時小別，勿惓惓也。」予伺送之升輿，立即飛馳出城，至黃河岸口，勘視輦道船渡。適瞿大軍機隨後至，於黃幄外相值。瞿曰：「漁川何來？」予謂：「來此照看河渡。」瞿又問：「曾見榮相否？」予曰：「適從榮相寓中來。」曰：「榮相何言？」予曰：「匆匆並無他語。」瞿曰：「總有數語。」予即以所言者具述之。瞿即含笑點首曰：「好好，既是榮相說過。旦晚許可陛見，那是準靠得住的。大喜大喜，今年內定可回京相見也。」蓋予彼時全不識官場機械，直心爽口，一無隱諱，不意瞿固疑予厚榮相而薄於彼，以此探予，予頃所言，適觸其忌。後來瞿之屢相阻厄，其幾即始於此。少年粗率，自招其咎，真俗所謂「冒失」者也。

卷五

十一月初四日，巳刻，兩宮聖駕自河南開封行宮啟鑾。扈送儀節，略如西安；而各省大員多半趨集，或則派員祗候，故人教益多，羽林儀仗，益覺整齊鮮耀。最可喜者，天氣忽而開霽，旭日當空，融風四扇，六飛在御，一塵不驚。沿途旌蓋飛揚，衣冠肅穆，但聞馬蹄車齒，平沙雜沓聲，互相應和。出城後，遙望河干，則十里錦城，千軍荼火，彷彿如萬樹桃花，照春齊發。午正，大駕行抵柳園河岸。皇太后、皇上同入黃幄少憩，旋出幄，設香案炷香奠爵，先祭河神。祭畢撤案，即步行登龍舟。文武官員、紳民父老，一體於河岸俯伏跪送。予與糧臺諸員共為一起，均隨升中丞跪伏道左，仰見太后面有喜色。兩宮上御舟後，隨扈官員、宮監兵役，以次登舟；旋於舟次傳進御膳。時則天宇澄清，波平如鏡。俄而千橈並舉，萬槳齊飛，絕似元夜鰲山，一團簇錦，徐徐移動，離岸北向。夾道軍民，歡呼踴躍，舉頭延佇，望舟傍北岸，方始一同散隊，分途遄返。

予前時被命赴任，並不感何等觖望。至於此際，則長安日遠，目與雲飛，依依戀戀之心，殊發於不自覺。人情於友朋久處之後，一時分袂，猶且黯然不釋，況於君父。方知古人江湖魏闕，無君則吊，固確有此種情景，並非文人緣飾之詞也。

自往歲七月二十四日，在懷來榆林堡迎駕，始獲仰見兩宮，至於現在，已閱一周歲餘三月有一旬。中多奉命奔走，近依行幄者，先後不滿五月。自西安啟蹕，至於本日為止，凡歷七十日，計程一千三百餘里，殆無一日不在屬車之列。無端而合，無端而離，人海搏沙，分皆前定。遇合之緣，殆從此而止；扈從之責，亦即從此而終。渡河以後，一路行程，予皆望塵弗及，不復與聞矣。（按本編以西狩一事爲主幹，而漁川隨扈回鑾，僅至此處爲止。故自渡河以後，均未述及，不免使閱者稍感缺憾。適得殘書十餘頁，似係回鑾行在之《宮門抄》，自開封至京一段行程，頗爲完具。因亟節抄附錄於此，俾完首尾。並檢他書記載，考其時日，分別附入一二事實以資點綴。仍仿日記體裁，視前後較低二格。用以別於正文。予序中已聲明不能銜接之故。排印將及，無意得此，若有意玉成吾書者，滋可喜也。甓園附識。）

辛丑十一月初四日，巳刻。皇上奉皇太后由河南開封府行宮啟蹕。午刻，駕至柳園，祭河神畢，登舟。河南官員不隨扈者，均於河岸跪送。旋在舟中進膳。申初舟抵北岸，申正至新店行宮駐蹕。

初五日，由新店啟鑾。申正二刻至延津縣行宮駐蹕。（按：延津屬河南衛輝府，古酸棗郡也。）

初六日，駐蹕延津。

初七日，由延津啟鑾。申正二刻，行七十里，抵衛輝府駐蹕。（按：衛輝即古朝歌地。）是日召見總兵朱南穆、道員袁鴻祜，問豫中營伍地方情形甚悉。

初八日，由衛輝啟鑾。行五十里，至淇縣駐蹕。

初九日，自淇縣行宮啟鑾。中刻抵宜溝驛駐蹕。按宜溝驛屬淇縣境，離縣城五十里。召見陳夔龍。是日上諭，奉懿旨，略開：本月初四日由柳園渡河。天氣清明，波平如鏡，御舟穩渡，萬姓臚歡，實賴河神效靈，自應崇加封號以答神庥，著禮部具擬云云。又諭：河干供差各員，著松壽查明保獎；水手人等，著賞銀二千五百兩。

初十日，由宜溝驛啟鑾，申正抵彰德府駐蹕。傍晚傳旨：十一日駐一日，定於十二日並站前進，至豐樂鎮午尖，磁州駐蹕。召見陳夔龍。是日奉諭：著陳夔龍補授漕運總督。

十一日，駐蹕彰德府。

十二日，自彰德啟鑾，駐路磁州。召見效曾、陳夔龍。

十三日，由磁州啟鑾。至邯鄲縣駐蹕。召見大名鎮總兵方國俊、大順廣道龐鴻書。是日，上諭：奉懿旨，略開：奕劻等奏據大學士功德在民，懇恩建立專祠一摺。京師建立專祠，漢大臣皆無此曠典，惟該大學士功德邁常，自宜逾格加恩以示優異。李鴻章著於京師建立專祠，列入祀典，由地方官春秋致祭等語。（按：漢臣於京師向無專祠，足見前時旗漢界限之分明。文華殿向來亦不輕授漢人，惟文忠以資深躋首輔。今又得此，可謂兩邀曠典矣。

文忠平發平捻，於清室實有再造功。乃晚年屏居賢良寺中，雖掛首輔空銜，實際乃同閒散。撫髀生肉，羅雀當門。前聞漁川所述，可謂侘傺無聊，大有末路英雄之慨。後雖持節粵中，在朝廷亦不過敷衍舊勛，恩眷已薄。假無義和團一段歷史，此時一疏告終，一諭優恤，功臣傳中，即已從茲結束矣。乃無端忽簸此掀天巨浪，清廷環顧左右，始覺斡旋大局，非公莫屬；遂汲汲徵召還朝，付以全權。承平則庸佞擅其威福，急難則賢哲受其艱危，古今一概，此固極人世不平之事。然公當時若尚留滯京邸，必爲端、剛所戕。幸而先期遠出，天若預爲道地，故遺一老以結遜清之殘局者。迄和約粗就，公亦騎箕。清廷以大局尚未十分安全，中流失船，雖覺徬徨罔倚；即一時朝士，亦多作此感想。故對公不勝惓惓，恩綸恤命，至再至三。項城安車再召之言，與公鞠躬盡瘁之誓，至是乃兩皆實驗。其死也哀，可謂適當其時矣。但有人言公當議和時，外人方挾憤氣以相凌，公又處於無可抵抗之勢，磋磨條件，極費唇舌；而樞廷猶以公爭持不力，責難備至；忍氣從事，鬱抑過甚，乃至咯血。則晚遇亦甚可傷。然循跡觀之，生極寵榮，沒隆報享，君臣一德，恩禮始終，固已成一時佳話矣。

予生平未見文忠，然無意中卻有一面，至今印象猶在腦際。前清同文館即設在總署。予一日偶從館中偕兩教習同過總署訪友，經一客廳後廊，聞人聲囂囂，即從窗際窺之。見座中有三洋人，華官六七輩，尚有司官翻譯，皆翎頂輝煌，氣象肅穆，正議一重大交涉。首座一洋人，方滔滔汩汩，大放厥詞，似向我方詰難者，忽起忽坐，矯首頓足。餘兩人更軒眉努目以助其勢，態度極爲凌厲。說畢由翻譯傳述，華官危坐祗聽，面面相覷；支吾許久，始由首座者答一語，聲細如蠅，殆不可聞。翻譯未畢，末座洋人復蹶然起立，詞語稍簡，而神氣尤悍戾，頻頻以手攫拿，如欲推翻几案者。迨翻譯述過，華官又彼此愕顧多時，才發一言；首座者即截斷指駁，其勢益洶洶。首末兩座，更端往復，似不容華官有置喙餘地。惟中座一洋人，意態稍爲沉靜；然偶發一言，則上下座皆注目凝視，若具有發縱能力。而華官之復答，始終乃只有一二語，面頳顏汗，局促殆不可爲地。

予當日見此情狀，血管幾欲沸裂。此時忽聞外間傳呼聲，俄一人至廳事門外報王爺到。旋聞足音雜沓，王爺服團龍褂，隨從官弁十數，皆行裝冠帶，一擁而入，氣勢殊恆赫。予念此公一來，當可稍張吾軍。既至廊下，則從者悉分列兩旁，昂然而入。華官皆肅立致敬。顧三洋人竟視若無睹，雖勉強起立，意殊不相屬，口中仍念念有詞。王爺先趨至三客座前一一握手，俯首幾至膝上。而洋人傲岸如故，王爺尚未就座；即已厲色向之譟聒。王爺含笑以聽，意態殊極恭順。

予至此已不能復耐，即扯二人共去，覓所識友人，告以所見。吾友曰：「中堂在座否？」予曰：「吾不識誰爲中堂。」曰：「李中堂也。中堂在此，當不至是。」予乃約其同至故處，友逐一指認，告姓名，曰：「中堂尚未至也，然今日必來。盍再覘之。」予亟盼中堂到。俄頃復聞呼報，予以爲中堂至矣；乃另爲一人，仍趨與洋人敬謹握手，即逡巡就坐。予乃大失望。

正於此際，續聞呼報，一從者挾衣包，先坌息趨入，置於門外旁幾。吾友曰：「此必中堂。」既而中堂果入門，左右從者只二人；才入廳數步，即止不前。此時三洋人之態度，不知何故，立時收斂，一一趨就身畔，鞠躬握手，甚謹飭。中堂若爲不經意者，舉手一揮，似請其還座。隨即放言高論，手講指畫。兩從人爲其卸珠鬆扣，逐件解脫，似從裡面換一衷衣，又從容逐件穿上。公一面更衣，一面數說，時復以手作勢，若爲比喻狀。從人引袖良久，公猶不即伸臂，神態殊嚴重。而三洋人仰面注視，如聆訓示，竟爾不贊一詞。喧主奪賓，頓時兩方聲勢爲之一變。公又長身玉立，宛然成鶴立雞群之象。再觀列坐諸公，則皆開顏喜笑，重負都釋。予亦不覺爲之大快，如酷暑內熱，突投一服清涼散，胸間鬱火，立刻消降。旋以促飯引去，始終不知所議何事，所言何詞。但念外交界中，必須有如此資望，方稱得起「折衝」二字。自公以外，衮衮群賢，止可謂之仗馬而已。

公此時雖在總署，已無實權。而自外人目中，則獨尊公爲中朝領袖。蓋勛名威望，得之有素，非可以襲取者。昔人謂國家不可無重臣，文富所以鎮外夷，汾陽所以退突厥，亦皆賴此作用。惜清廷不能利用此點，使公得盡其設施；急來佛腳，抱之已遲。然庚子一役，若無公在，更有何人足以當此重任耶？

吾友因爲言中堂一到即更衣，我已見過兩次，或者是外交一種作用，亦未可知。同人皆大笑之，謂如此則公眞吃飯穿衣，渾身皆經濟矣。語雖近謔，而推想亦不無致理。漢高踞洗而見酈生，亦先有以懾其氣也。庚子難作時，予聞公被召入都，即向人慶慰，謂決有斡旋之望，當舉此事爲證，果如所料。予於文忠，亦庶幾可謂之窺見一斑者矣。）

十四日，由邯鄲啟鑾，申刻抵臨洺關駐蹕。召見陸寶忠、岑春煊等。奉旨：明日駐蹕一天。

十六日，駐順德府。召見直隸總督袁世凱。因垂詢鐵路事宜，召見鐵路局員柯鴻年等。

十七日，自順德府啟鑾，未刻駕抵內邱縣駐蹕。見袁世凱、松壽、張翼。

十八日，由內邱縣啟鑾，申正抵柏鄉縣城駐蹕。是日奉上諭：甘肅平羅縣匪徒傷及教士案內疏防各官，先行革職，勒限緝獲。並飭各屬教堂教士，認真保護。又諭：奕劻等奏美國使臣請將張蔭桓開復等語；已故戶部左侍郎張蔭桓著加恩開復原官，以昭睦誼。又諭：徐會澧、陳璧奏察看工藝局情形一案，據周馥代奏，已革侍讀學士黃思永，請將京師義倉收養遊民、創立工藝局招股創辦等情，著於京師內外城各設工藝局一區，招紳籌辦，由順天府督率；黃思永所請招股設局，著不准行。（按：張蔭桓並未革職，「開復」二字，實無根據。但此猶不過前此上諭中文字之疏漏。中國之官，何以由美使奏請？即使徇美使之請。上諭中亦何必敘明？結尾「以敦睦誼」四字，尤爲多贅。開復本國處分人員，於睦誼上有何關係耶？從前因其與外人相識而殺之，殺固殺得無理由；此時又因其與外人相識而復之，復又復得無根據。吁嗟張公，何不幸而與外人相識，抑又何幸而與外人相識耶？

漁川述公遺事，尚有一事未及。謂公在戍所時，忽於門前構造一亭，以此處地勢稍高，足資登覽。亭成請名，一時思索不得，因適在牆角，遂以「角亭」名之。後來即於此亭行刑。說者謂「角」字爲「刀下用」，讖兆無端而適合。據此言之，則吉凶生死，某時某地，早有前定，冤在夙業，亦無事爲公抱屈也。

漁川又言：公臨刑之前數時，已自知之。忽告其從子，謂爾常索我作畫，終以他冗不果，今日當了此夙願。即出扇面二頁畫之，從容染翰，模山範水，異常縝密，盎然有靜穆之氣。畫畢就刑，即此便爲絕筆。此眞可謂鎭定，蓋公之得於道者深矣。

張、黄兩公，皆以殿撰而辦實業，又皆同時先後措手，提倡頗早，實爲吾國工商界中開一生面。張公創辦於南方，黄公創辦於北方。顧南通以此立大名、成大業、躋大位，群奉爲全國實業泰斗。而黄公先以此故，幾蹈不測之誅。回鑾以後，風氣已轉，凡稍習新法者，皆駸駸柄用。而殿撰一蹶之後，竟不復振。觀於此諭，若尚含有餘憤者，用其策不用其人。直至民國以來，國内談實業者，亦從不聞道及。幸不幸之相去，何其懸絕若此耶？）

十九日，自柏鄉啟鑾，申正抵趙州駐蹕。召見正定鎭總兵董履高。

二十日自趙州啟鑾，申刻抵欒城縣駐蹕，是日奉上諭：桂春著開去右翼總兵。

（按：桂春當是旗員中漂亮人物。袁忠節疏稿中頗推重之，則其人可知。後來有人謂莊王府中查出册子，帶團諸人中列有其名，因此頗將追究。賴慶、榮兩人爲之疏解，所以僅開去總兵而止。當時報紙上載有彼致謝慶、榮一信，極力辯白，以帶團諭旨中並無其名爲根據，謂彼係二品大員，非請旨不能派，不見諭旨之小頭目，則於彼不相當云云。所言當係實在，然足見當日之風聲鶴唳。前此怕沾染通洋嫌疑，此刻又怕沾染著通匪色彩。彼一時，此一時，大官眞不易爲也。）

二十一日自欒城啟鑾，申刻至正定府城駐蹕。召見恭親王溥偉、岑春煌等。奏事處傳旨：明後日駐蹕二天。是日奉上諭，二十八日回宮後，即恭詣各祖先殿謁告，並遣官分謁各壇廟及東、西陵。又諭：奉懿旨，東、西陵理應親謁，著於來春諏吉，率皇帝祗謁，務應破除常格，減節供億。又諭，奉懿旨，大意係誡飭臣工，以安不忘危，痛除粉飾，君臣上下，同心共濟等語。又諭：奉懿旨，回宮後，皇帝於乾清宮擇日覲見公使，太后於坤寧宮覲見公使夫人。（按：覲見禮節，歷來不知曾廢幾許爭論。此番和議，亦列爲重要條件，反覆磋磨，頗滋唇舌。此等節目，本無矜持之必要，乃前此看得十分鄭重，無論如何不肯將就。此刻乃終於惟命是聽，更格外要好，添出夫人一道禮數。受罰不受敬，眞不值矣。）

二十二日駐正定。召見夏毓秀、呂本元等。

二十三日駐正定。召見岑春煊等。是日奉上諭：將甘肅教案兇犯四人正法，仍嚴拿餘犯，又諭：浙江學政著張亨嘉去。

二十四日巳刻自正定府啟鑾，改由鐵路北上。兩宮分乘花車，於午正一刻駛抵定州，在鐵路公司傳備御膳；申刻抵保定府駐蹕。

二十五日駐保定。召見慶親王、梅東益、鄭沅、唐紹儀等。（按：慶王前曾至開封迎駕，復還京師；現又至保定迎駕，並報告和議進行情形及都中情狀也。）

二十六日駐保定。召見周浩等。是日奉上諭：原任戶部尚書立山、兵部尚書徐用儀、吏部侍郎許景澄、內閣學士聯元、太常寺卿袁昶，該故員等子嗣幾人，有無官職，著吏部迅即咨查聲復。（按：諭旨所列，皆拳案冤殺之大臣，何其多也！但當時盈廷濟濟，深知縱拳開釁之大害、而其位分又足以建言者，殆將百倍於此。顧皆隱情惜己，自安緘默。其能批鱗抗議、發抒正論者，乃止有此數公，抑未免於見少矣！可知疾風勁草，固自不易。諸公先已有旨昭雪開復，至現在復有此諭，聞係根於外人之公論，慶王新從京中帶來之消息，而汲汲發表者也。誤殺忠良，亦國家常有之事。既已是非大著，則褒忠旌直，分當破格優恤，用以懲前失而勸將來。乃反待外人之置詞，枝枝節節，若有不得已而爲之者，蓋孝欽心病所在。只因當日外交輿論多右德宗，乃認定外力消長，即爲帝後權力消長之關鍵；故疑當時主張剿拳不戰之人皆黨於德宗而爲彼之政敵，以此始終耿耿。雖迫於眾議，勉強湔雪，實非本心。秉筆者揣摩其意，對於此種上諭，皆若吞若吐，使人讀之不快。然以孝欽當日之權力，如此不願，而終不能不出於昭雪，且至於由一而再，則又以見斯民直道之公，本乾坤正氣之所宣洩，其潛力又遠出於專制君主之上也。）

二十七日駐保定。召見紹昌、張蓮芬、楊士驤、馬金敘等。

二十八日十點二十五分，自保定行宮啟鑾。鐵路局特備火車一列，共二十二輛；計上等花車四輛。皇上、皇太后各用二輛；又上等客車一輛，皇后御用；其餘各宮嬪及親王、大臣、福晉、命婦、內監，分乘各車。花車中均以黃貂絨、黃緞鋪飾，所有御用磁器碗盞，均由盛宣懷預備呈貢，上皆有「臣盛宣懷恭進」字樣。車站兩旁，紮有彩棚三十座，前兩棚為直隸督憲、監司候送休息之處，餘皆以印委官一人主之，備送迎官員憩候。開駛時，軍隊擎槍奏樂。十一點二十五分，駕抵豐臺。接駕各係官暨鐵路洋員，均於站次迎迓。車停一刻鐘，於十一點四十分開行；十二點正，抵馬家堡車站。先期由步軍統領衙門、順天府五城御史擬定迎鑾王公、百官、紳民、營隊等接駕處所，繪圖貼說，呈經慶邸閱定，由內閣留京辦事處進呈御覽。計分晝如下：

黃幄迤西　自蘆溝橋至豐臺、馬家堡。由馬提督、姜提督兵隊接連沿途跪接。自豐臺至正陽門，由步軍五營兵隊分段跪接。

黃幄迤東　自馬家堡至永定門外，由左右營弁兵、五城練勇分段跪接。

黃幄南向　全權王大臣　軍機處　留京辦事大臣　蹕路大臣　內務府　三院，簽儀衛侍衛處　順天府　五城街道　各衙門

永定門內東至天橋　王　貝勒　貝子　公爵　宗人府　中書科　吏、禮、刑三部

理藩院　通政司　翰林院　詹事府　太僕寺　鴻臚寺　欽天監　八旗都統　各衙門
永定門內西至天橋　王　貝勒　貝子　公爵　內閣　外、戶、兵、工四部　倉場　都察院科道　大理寺　太常寺　光祿寺　國子監　八旗都統　各衙門
八旗十二固山參佐領　護軍統領　火器營　健銳營　圓明園護軍營　以上各官弁均排列石路東西跪接。

紳士排列石橋迤北一帶，候補官排列天橋迤北一帶，廢員排列東西珠市口迤南一帶，耆民排列東西迤北一帶，五城練勇分列大柵欄、鮮魚口、打磨廠、正陽橋各地。

火車抵馬家堡，稍停；旋見軍士擎槍奏樂。兩宮先後下車。皇上御八抬黃緞轎，舁轎夫均穿紫紅色緞繡花衣，四圍由侍衛、內監擁護，轎前排列兵丁、樂工、大旗；次為御用之衣箱、馬匹、馱轎；次為騎馬從人；次弓箭手、長槍手、馬步兵。皇太后黃轎儀仗，均與皇上相同。又次則為各親王、宮嬪，由馬軍門玉昆擁護。殿以皇后，同御黃緞轎，儀仗隨從，視兩宮稍減。宮嬪則用綠轎一頂，馬車六輛。末後車馬甚多，大抵皆隨扈官員，內有穿黃馬褂者八人。西安啟鑾前數日，四軍機均賞黃褂；在開封又特賞數人；大約均備回鑾儀飾之需。既入永定門，遵新修御道，緩緩而行。日映鸞旂，風吹羽蓋，天仗極為嚴整。沿途文武官弁，鴛班鷺序，東西銜接，皆鞠躬俯伏，肅靜無聲，但聞馬蹄人跡，絡繹不絕。約末正五十分，始抵正陽門。尚有留京洋

兵，同在城上觀看，有脫帽揮拂以示敬禮者。太后在輿中仰視，似以含笑答之。大駕一直進大清門。未初入乾清宮，即先詣關帝廟行禮。從官儀仗，始各以次散隊。經年播越，劫後歸來，城郭依然，人民如舊，兩宮此際，不知作何感想耶？

大駕既已北上，予乃主意南行。自柳園送駕回省，即打疊赴粵之事。部署十餘日，行事粗飭。乃以是月十五由開封挈眷南行，取道尉氏、襄城、許州、葉縣，以二十三日抵南陽府。時沿途各地，頗多盜警。承襄陽道余觀察派馬隊八人前來護送。惟南陽境內較為安靜。今總揆之太翁潔泉先生時方任南陽令，聞為政極仁厚，而緝捕獨勤。故南陽人民異常愛戴，途中所過村落市肆，均嘖嘖稱頌不置。予到南陽，正以捕盜下鄉；次日回署，始獲晤談，極為欣愜。聞又捕得劇盜數人，蓋平時布置周密，民樂為用，來即破獲。故以後群盜相戒不敢入南陽境。聞先生歷任繁劇，悉皆如此。當時河南全省州縣，稱治行第一。宜其積善慶門，緩齡駢祉、遐福固未艾也。

自南陽啟程，過新野、襄陽，入湖北境。余觀察先遣人邀寓道署，予謝不往。仍挈內眷入署，晉謁太夫人；蓋予上年續娶，本由觀察作伐也。在襄陽住五日，獲晤各當道，談宴極歡。旋改從水道行，由襄陽雇舟，直至漢口。過武昌小住，遂即浮江東下，竟在輪舟中度歲。以壬寅元旦，始泊椗上海。抵上海未幾，即感病頗劇；蓋積勞經年，至是並發，故淹纏不得速愈。直至是年五月初，始稍稍痊可。乃由滬附輪抵省，中途延滯，已將半載矣。

是時粵督為陶文勤公模，巡撫為靜山德壽。予謁見督撫後，始知高廉欽道信勤，調補雷瓊道，予即補其遺缺。隨即奉文到任。高廉道駐高州，與廣西接界，寇盜充斥，極為難治。予在任三年，幸無隕越。已而調署雷瓊，旋即補實。未及一年，又奉旨調授惠潮嘉道。予初未將絲毫活動，無端改授，不知何故。殆上意以為潮州膏腴之地，藉示調劑。不知潮州府乃為著名優缺，至道缺所入，僅與高廉等，尚不如雷瓊也。

予久任邊缺，地偏心靜，亦頗安之若素，屬僚朋舊中有知予事者，均極力慫恿，謂難得有此恩眷，若稍盡人事，封疆旌節，操券可得。否則主眷雖厚，而左右莫與為助，因循延誤，或且終成畫餅，豈非辜負？現在朝局已成互市，無價之物，終不可得。難得公根柢如此，較之他人，定當事半功倍。小往而大來，倍稱之息，何樂不為？予曰：「知之。但予守比瘠區，自給不暇，何處得金而輦之？」則曰：「此甚易集，公如有意，某等均可為力。」蓋當時各地票號皆殷實；喜作此等營幹，擇人而餂之，貸巨本以圖厚息。以予為希望最大之主顧，若挪移一二十萬，立可允許。且有相兜攬者，予皆委婉謝卻之，曰：「諸君盛意良厚，但予家世儒素，不敢圖非分富貴。今雖一麾久滯，然較之廣文苜蓿，為幸已多。但盼能安常守順，盡吾職事，不生意外波折，則於吾願已足。窮達有命，聽之可也。」

亡何，而意外魔劫，忽爾飛集。予在高廉甫一年有餘，岑春煊忽自川督調兩廣。冤家路窄，竟爾相逢，此真夢想所不到者；顧又無法規避，只得坐以聽之。迨余調雷瓊，果以白簡相餉。通摺參劾十一人，列予於首，而處分乃甚輕微，僅請開缺送部引見；餘十人則皆情節重大，有革職，有永不敘用，甚至有查抄遣戍新疆者。蓋彼用意殊甚深刻，知太后對予尚有恩眷，乃以予與重咎諸員並劾，且列之於首，而故輕其處分，一似予必有狼藉不堪之情狀，而彼特仰體上意，曲為回護，從輕發落者；一則以後列名諸員，既處分重罪，必皆有確切事實，不能不究；予既列在首簡，決不能越次而獨罪其餘。輕罰則易於曲從，首列則難以獨置——雖輕輕夾帶，而專精營注實，挾有必得而甘之積憤。吁，可畏也！

其時瞿相已當國用事，與岑頗通聲氣。太后得摺後，即交軍機閱看，詢如何辦理。瞿已窺見太后詞態，有猶豫意，即正色陳奏曰：「國家二百餘年制度，凡疆吏參劾屬員，殆無有不允所請者，當然應照例辦理。」太后婉語曰：「吳永這人甚有良心，想彼做官必不至於十分過壞。此摺我且主張留中如何？」瞿復奏曰：「岑春煊所擬吳永處分本甚輕，送部以後，太后如欲加恩，仍可酌量起用。摺中尚有餘人，情節重大，似未便因吳永一人而將全摺一起留中，於國家體制，恐有不合。」太后意微慍，曰：「我只知道吳永這人很有良心，他做官一定不能錯的。像吳永這樣人，岑春煊都要參他，天下可參之官多矣！岑春煊向喜參人，未必一定情真罪當。此摺我總主張留中。」言畢以手微拍作聲。瞿復挺奏數語，持之甚力。太后乃勃然變色，曰：「難道岑春煊說他壞的人便準定是壞了麼？我知道岑春煊的話並不十分可靠，我知道吳永是不壞的，我因吳永推想餘人，亦未必一定準壞。」即以手用力連疊拍案，曰：「留中，決計留中！我決計留中定了！」瞿乃不敢復語，遂將全摺一併留中不發，而其餘十人亦竟以無事。予當時夢夢，並不知情；戊申入都，始聞悉底蘊，蓋慶邸以告陶杏南轉以語余者。岑、瞿兩公，乃用搏象全力以搏兔，而竟得免膏牙爪，太后於予保護之恩遇，不得謂為不深矣。

岑在粵督任內，凡參罷文武大小官員至一千四百餘人，因而獲罪者亦數百人，非但睚眥必報，即素所受恩庇者亦皆以怨報之，狠心辣手，絕是不留餘地。論者謂彼對予方先以此嘗試，如得允開缺，勢必尚有下文，蓋彼毒予至深，必欲擠之死地而後快。乃始終不能相厄，由今思之，真可謂絕大僥倖也。

岑以此摺留中，知太后於予恩眷未替，遂不敢復有舉動。予不久亦即以丁憂去職，竟得安然出險。方余在雷瓊時，中間兩遇臬司出缺，太后皆提及予名，悉為瞿善化所阻。以兩宮之恩眷如此，而一官偃蹇，終至與國同休。始厄於岑，終厄於瞿，此一段錦片前程，遂爾蹉跎過去。岑一生之顯宦，實皆出予作成；予一生之蹉跎，乃即由岑作梗。我為彼福星，而彼乃為我惡宿，彼蒼冥冥位置，若故互相顛倒以成其巧，殊可異也。予本安居下僚僻地，毫無營幹，無端而轟轟烈烈，有此一番遭際；卻又枝枝節節，受了無數折磨，結果只是沖銷完帳，未沾到一毫贏息。造化弄人，作此惡劇，此所不可解者。迄今山河改色，恩怨兩空。回首前塵，恍如夢寐，僅留此區區殘影，縈迴腦海，絕不願向人曉聒。今日與諸君俱同事至交，重承問訊，偶一傾吐，不覺盡情宣洩。權當是村詞盲鼓，茶餘酒後，少資談助，較看上海劇場扮演之假戲，當稍為值得也。

甓園居士曰：昔盱眙吳忠惠公，以無心賻贈而得厚酬，漁川以倉卒迎駕而被殊眷。兩人者，同為吳姓，同有德於孝欽，同受知於患難之中，又同在知縣任，遙遙數十載。後先輝映，若合符節。吁，何其巧也！忠惠名棠從木，漁川名永從水，皆以單字而藏合五行。論者至有水木清華之目，抑巧之巧矣。

顧忠惠方治濱江大縣，南北綰轂，水陸膏腴之地，錦車華節，供張饋贐，不絕於道路，區區數百金，直九牛一毛之比，又以無心而誤投之，其事蓋已微矣。漁川則坐困嚴城之中，懸命虎狼之口，空名守職，自救不暇；徒以激於區區忠義之氣，徑行其志，一往不顧。冒鑿門之險，效負曝之愚，忘力竭無繼之難，盡危身奉主之節，上不忍負國，下不忍累民，至罄其半生宦業辛勤銖寸之積，以供饘橐，擲孤注於不必得償之地，此稍有計較之士所不肯為者。而且棄親戚，離骨肉，倉皇被命，接淅就途，孑身從難，蹈禍福不測之危地，跋涉逾數千里，櫛沐彌十五月，賠累至數萬金，夷險之勢既殊，難易之情迥絕。絜勞比績，殆不可同年而語矣。

然而忠惠數年之間，由縣而府而道，晉柏府，歷薇垣，揚歷數省，遂擁持旄節，總制方面，褒德贈謚，垂蔭子孫，駸駸乎與雲臺麟閣比烈，何獲報之隆也！漁川親侍輦轂，晝日三接，頒賜稠疊，與王公貴胄相埒，以資則深，以勞則著，以地則近，以眷則隆。而極其所遇，簡授一道而止矣。始而高廉，繼而雷瓊，而惠潮，而兗沂、曹濟，三仕三已，終孝欽之世，迴環往復，竟不能更進一階。施百於前賢而報靳於萬一，嗟夫，豈非命耶？

夫漁川以盛年膺特薦，治懷兩載，聲譽鼎鼎。拳民壇宇遍畿輔，而懷境肅然不敢動聲息；迄於拳焰大熾，奸民悍匪，百計圖報復，卒以紳民愛護之力，安處虎穴，不損毛髮。奇才異政，亦大略可睹矣。向使無此一段遭際，依階平進，區區監師連帥之位，亦自可計日而操其券。然則對於孝欽，直謂之未嘗得報焉可也。

但當時以漁川得主之盛，才氣之英發，柄臣權監，推襟送袍，爭欲相結納，使稍與委蛇遷就，以示之親昵，則順風送扇，開藩建節，直唾手間事。有行之者，捷足而先得，成效固彰彰也。顧狃於書生結習，倔強自遂，不肯稍貶損以求合，卒至不得其助而反受其擠。是以機會屢集而不獲一當，雖曰天命，抑亦人謀之不臧耶。

然吾觀遜國巨僚，富極貴溢，聲勢赫赫，改步以後，窮困失職，至不克贍衣食，杜門伏匿，藉乞貸以延旦夕者，比比相屬也。官高則難於位置，名著則易受牴排。五石之瓠，乃落而無所容。而漁川因身受迭次沮抑，官不高，名不著，十餘年來，猶得隨時俯仰，浮沉中秩，以全生而養命。然則昔之所失者，轉為今之所得，亦未可知也。

嗟乎，此事往矣！故宮禾黍，舊劫滄桑。覺羅氏一代歷史，瞥如曇花過眼，已成陳跡。當日之翊衛元勛，和戎上相，在事主要人物，今皆如太空浮雲，掃蕩幾盡，姓名爵里，漸不掛於人口。即漁川躬與其役，殆亦似黃粱覺後，追尋夢境，彷彿不可復得。今日偶然敘述，要不過如孔雲亭《桃花扇》中末折，漁樵晚罷，閒話興亡；槐省風清，同消白晝。區區一人之升沉枯菀，曾何足復加注較。獨念此亡國破家，帝后出走，震天動地之大劫，迄今歲星不過兩周，而當時情狀，漁川以外，已罕有能言其本末者。坊肆小冊，如《清宮秘記》等等，殆無慮數十種，率多架空臆造；微論其事實真偽，要於朝章國制，類茫然一無所覺。得此一夕話，親聞親見，聊足矯一時悠謬之妄談；雖言之不文。而網羅散軼，掇拾舊聞，亦庶幾乎古人傳信之義，閱者略其詞而諒其意焉，可也。

雖然，漁川之言，予既備聞之，而述之，而論之矣；顧擱筆以後，反覆循繹，尚大有不能釋然於懷者。庚子一役，釁由我起，衡之公律，固為背理。然既已不幸決裂而至於宣戰，則義不論理而論勢。彼聯軍以絕海難繼之兵，臨時烏合之艦，風習各殊之眾，猜嫌互異之情，雖勉強推定冠軍，號令決難一致。區區二萬餘人，懸軍深入，冒百忌以賭一日之得失，以兵法論，實處於必敗之勢，所謂越國鄙遠，吾知其難者也。

當時我國除禁軍不計外，所號北洋六軍。聶、馬、梅、何各提鎮所部軍隊，環列於畿輔者，為數當在十萬以上。以眾御寡，以主敵客，以逸待勞。睸之登陸而斷其後，八面犄角，一鼓而覆之，固非甚難事也。否則圍而錮之，勿加殺害，杜絕接濟而使之自屈，斯仁之至義之盡矣。更不然，念子產壞垣之情，執晉文退舍之誼，畫地防堵以限其馬足，一面肅清內亂，然後重整敦盤，相與折衝於樽俎；彼即傾國而至，亦決無壓我城下之理。乃既不能戰，並不能守，京津三百餘里間，一任其從容馳騁，長驅突進，如入無人之境。遂夷我堡壘，據我城郭，躪我京邑，遷我重器，屠戮我官吏，凌虐我人民，宮殿化為穢墟，衙署廢為馬廄；如是不已，更勒賠款；賠款不已，更須請罪；請罪不已，更停考試；停試不已，更懲罪魁。種種壓迫，務欲踐吾國於朝鮮、印度之列。在清室為宗社將墟之痛，在國民有國命垂絕之虞，此實我全國之奇恥大辱。患切於剝膚。而禍深於萬劫者也。

我朝野上下，痛定思痛，宜如何並心一志，力圖振厲，臥薪嘗膽，以共脫此奴隸牛馬之銜勒。乃和局甫定，兩宮播越經年，僅得復還故處，絕不聞有盤庚籲眾之矢言，漢武輪臺之悔艾；地方官沿途供應，競求華侈，雍容玉步，宛然如鑾輅行春、鐃歌返闕之景象。於昔日之瘡痍塗炭，皆已消弭淨盡，不留餘跡，一若未有其事者。以苟延為再造，以半主為中興。歡笑漏舟之中，恬嬉危幕之上，是可異也。

一時柄國元僚，封疆大吏，多半皆事前顯職，有列於朝，有守於位，先事不聞匡糾，臨事不見設施，誰秉國成，階此大歷，即誅責未及，亦當引罪投劾，自謝國人。乃委蛇固位，方幸以前此未有建白為得計，而晉宮銜，而賞黃褂，受不愧而居不疑；猶復忌賢疾才，爭權競寵，沾沾於語言酬應之末節，因以樹門戶而分淵膝，視國家之淪胥、人民之饑溺，毫不慨於其心。大臣如此，小者可知，清社之屋，於此已見，此尤可慨也！

其尤所不解者，自遭此次巨厄，逼訂片面和約，層層束縛，我四萬萬人民之自由生命，不啻已置於他人砧俎之上，擇肥分鮮，聽其宰割；全國民眾，顧乃淡漠相視，一如越人肥瘠，蕭然絕無所與。如此極大痛史，相去不過二十餘年，事由始末，已不甚有人記注；偶爾道及，亦第如先朝野乘，略資談助，恍惚在傳聞疑信之間。除當日私人局部聞見偶有著錄外，從無一完善縝密之載籍。多數知識界中，雖同抱消極悲觀，而聽天委命，要莫肯稍出其精神心血，以勉為宗國有所盡力。其當局有力者，則汲汲於據地盤，攫政柄，操戈鬩牆，日腐我同胞膏血，以苟圖一夕之快意。牽群羊以就屠肆，伐毛刳腹，次第將及，猶不急謀斷摯共脫之法，而惟是角觝蹄齧，忿爭芻秣，互相凌踐，以自促其生命，此真可痛哭流涕而長太息者也。

義和拳之亂，所以釀成此大戾者，原因固甚複雜，而根本癥結，實不外於二端：一則民智之過陋也。北方人民，簡單樸質，向乏普通教育，耳目濡染，只有小說與戲劇之兩種觀感。戲劇仍本於小說，括而言之，即謂之小說教育可也。小說中之有勢力者，無過於兩大派：一為《封神》、《西遊》，侈仙道鬼神之魔法；一為《水滸》、俠義，狀英雄草澤之強梁。由此兩派思想，渾合製造，乃適為構成義和拳之原質。故各種教術之統係，於北方為獨盛。自義和團而上溯之，若白蓮、天方、八卦等教，皆不出於直、魯、晉、豫各境。據前清嘉慶年間那彥成疏中所述教匪源流，蓋無慮數十百種，深根固蒂，滋蔓已遍於大河南北，名目雖異，實皆與拳教同一印版。被之者普，而入之者深，雖以前清之歷次鏟刈，而根本固不能拔也。

一則生計之窳薄也。北方人民，生活省嗇，而性多婾惰，謀生之途太仄，稍一不謹，往往不能自振，以至於失業。因惰而游，因游而貧而困，則麇集於都會之地，藉倘來之機會以苟圖衣食。群聚益眾，則機會益難，非至於作奸宄法，不足以維持其旦夕之命。浸淫已久，而冒險樂禍、恣睢暴戾之心生焉。明知誅責桎梏之在其後，而有勢可乘，不問是非利害，姑且吶喊附和，恣意焚掠以饜其所欲，而僥倖於萬一之漏網。因多數民眾，平時皆為此兩種結習之所淪浹，因愚而頑，因游而暴。適有民教互鬩之問題以作之導線。梟黠大猾乃利用鉤煽，飲以狂藥。奸民倡之，愚民和之，游民暴民益乘勢而助長之；如硝磺桴炭，一旦翕合，遂轟然爆發而不可復遏。

拳亂初定，當局皆怵於已事，因而深籌密慮，乃以調和民教為惟一治本之至計。詔書憲令，丁寧剴切，至再至三而不已。不知就本案論，則民教固為其激觸之始點、亂之所肇，而非其所以為亂也。衡以全局，猶本中之標也。此愚民遊民之兩種社會，若不徹底改革，廓清滌盪，去其所以為亂之原質，任遇何事，奸人皆可以隨時利用而構煽之。割導線而尚留硝藥，危險之性永存；防於彼而失於此，亂源終不可以塞也。

今欲為拔本之計，必先深求其本中之本，從改革民眾社會著手。一則注重於普通教育。改良小說，改良戲劇，組織鄉約里社，實行宣講，以種種方法，使下級社會與中上級逐漸接近，以相當之知識，遞相輸灌，俾多數民眾，略明世界大勢與人類生存之正理；勿侈言學校普及，炫難得之遠功，而忽可能之近效，則事半而功自倍。一則注重於普通生業，為人民廣闢謀生之途徑。教以手工技藝，使多數無產階級皆得憑自力以謀生活；殖其原料，開其銷路，便其轉運，通其交易。更於城市都會，整頓警察制度，廣設慈善機關，使失業之人，得資救濟，浮浪惡少，不得安足。先導以可循之路，而後乃懲之於不率之人；恩以勸其前，法以驅其後，既有恆產，必有恆心，無賴之徒，自無由而聚集；雖有豪猾，亦無法以相煽誘。無愚民，則人心不可以妄動；無遊民，則亂象不至於猝成。不愚則不頑，不游則不暴。硝藥既去，雖有導線，亦將何所復施？非特一時之現勢如此，二十世紀以後，欲競生存於世界，捨此亦更無他術；由義和團之事而證明之，條剖縷析，其理致益顯然可見也。

顧庚子以後，忽忽又數十年矣。而當軸巨公、海內賢達，終鮮克於此二事加之注意者。夫固非凡有不及而明有不燭也，徒以體大事難，國家非一人之專責，毋寧乘一旦權位，姑自厚封殖以貽子孫。不知羅珍聚寶，厝火而置積薪之上，雖纏縢扃篋，必有一日而同盡。所謂皮之不存，毛將焉附者也。

夫良醫治病，必深究於其病之所由起。吾國受病之源，亦固匪朝伊夕。自鴉片之戰而外邪已入，白洪、楊之亂而元氣大傷，然猶是膚膜寒熱之外感。一轉而入腠理，遽成絕大危症，則實自庚子一役始。今試問吾國工何以窳，商何以敝，教育何以不振，自治何以不興，乃至軍隊不能具餉需，官吏不得領薪給，全國以內，無貧無富，無貴無賤、無少長男女，皆憧擾憔悴，蹙蹙然似不得安其生者，是何以故？一言以蔽之曰：以經濟窘迫故。經濟何以窘迫？曰：以賠款故。因賠款而有借款；因賠款借款而鹽、關兩稅皆握於外人之手；因兩稅關係而百凡設施悉受牽制。如鼻受穿，如吭受扼，致呼吸運動皆不克自由舒展。何以有賠款？曰：以庚子義和團之故。因義和團而有條約，因條約而受壓抑、受剝奪、受限制，國際地位遂一落而千丈。賠款特條約中之一款，而牽連以及者，實多因此一款而發生。即庚子以後，凡交涉上所受之種種損失，亦大半以此約為嚆矢。庚子一約，實吾國無期徒刑之宣告判決書，執吾手而強之署押者也。危症一現，百病交乘，由此而外感日以滋生，內腑益難清理。屈指二十餘年來，內憂外患，靡有寧息。清室之所以速亡，民國之所以多難，軍隊之所以不戢，民氣之所以僨張，直接間接舉皆於庚子一役有莫大之影響。即最近紅槍會、綠槍會之所在滋蔓，實皆猶是義和之遺種，蓋不出於吾前所述二義，其所以構成之原素同也。

然則吾國而不欲圖治則已，如欲根本圖治，探求其最初致病之故而投之以藥，則庚子經過事實，固為惟一考鏡之方案。因何而始，因何而終，因何而曲折變化，何時受寒，何時受熱，何時而有飲食饑飽之湊泊，乃至呻吟顰笑，皆有詳究之價值。固醫國和緩，所當精研而密察之者也。顧同一病狀，而各見所見，各聞所聞，同一見聞，而各非其非，各是其是。是又在乎審方者之周咨博採，平情體驗，有以參眾說而會其通。前事不忘，後事之師，漁川所言，雖亦限於局部見聞，而近水樓臺，親切明確，固望聞問切之首當注意者也。

昔吳之敗於越也，夫差使人立於門中，出入必呼之，因是以申儆國人，終雪先人之恥。庚子之役，於吾國創已巨矣，痛已深矣，固吾國人所當念茲在茲、懸懸於心目者。然則茲編所述，固藉以存一時軼事，亦庶幾自托於夫差門者之役，以茶餘之清話，作飯後之鐘聲，願吾國憂時志士，愛國青年，回首前塵，毋忘檇李也。

饒孟任跋

清光緒庚子之役，余方在滬，讀書震旦學院。年少血氣不定，痛朝局為小人所持，力謀所以傾當局者，但不欲與黨人伍，以文雜投報，自署為「庸生」，人皆目之曰「狂」。曾以意細《庚子禍國記》，《申報》載之，而頗為時流所誦也；其實不過童言妄話而已，羌無事實。劉治襄同年，雄於文，下筆娓娓不倦，同值樞垣，朋輩三四人，嘈雜其左右，而能作文治事如平時，此孟子所謂不動心者也。吳公漁川，曾以懷來令隨駕西狩，耳聞目見，與當時外間所傳聞異辭。吳公口述，劉公筆授。隨聞隨記，積久而成帙。今所刊《庚子西狩叢談》是也。閱世次，敘廢興，驗物情，懷土俗，吳公意有所盡，劉公則間以己意參錯其間也。吳公當年意氣之豪，以為天下事一蹴可幾，不料為權相所忌，卒老於監司，不得與世所艷稱之吳忠惠公並顯，豈非命耶？今垂垂老矣，眉間尚放白光，誠不愧曾惠敏之門楣也。世變方殷，天下可驚可怪之事，恐尚不止於庚子之獷悍也，吾將拭目以俟劉公他年之所記。

時中華民國十有七年四月日，南昌饒孟任跋

血歷史　PC0230

新銳文創
INDEPENDENT & UNIQUE

庚子西狩叢談
——慈禧西逃記

作　　者　〔清〕吳　永
筆 錄 者　〔清〕劉治襄
主　　編　蔡登山
責任編輯　陳佳怡
圖文排版　王思敏
封面設計　陳佩蓉

出版策劃　新銳文創
發 行 人　宋政坤
法律顧問　毛國樑　律師
製作發行　秀威資訊科技股份有限公司
114 台北市內湖區瑞光路76巷65號1樓
電話：+886-2-2796-3638　傳真：+886-2-2796-1377
服務信箱：service@showwe.com.tw
http://www.showwe.com.tw
郵政劃撥　19563868　戶名：秀威資訊科技股份有限公司
展售門市　國家書店【松江門市】
104 台北市中山區松江路209號1樓
電話：+886-2-2518-0207　傳真：+886-2-2518-0778
網路訂購　秀威網路書店：http://www.bodbooks.com.tw
國家網路書店：http://www.govbooks.com.tw

出版日期　2012年6月　初版
定　　價　220元

國家圖書館出版品預行編目

庚子西狩叢談：慈禧西逃記 / (清)吳永口述；(清)劉治襄筆錄；蔡登山主編. -- 初版. -- 臺北市：新銳文創, 2012.06

面； 公分. -- (血歷史；PC0230)

參考書目：面

ISBN 978-986-6094-85-9(平裝)

1. (清)慈禧太后 2. 傳記 3. 晚清史

627.81　　101008230

讀者回函卡

感謝您購買本書，為提升服務品質，請填妥以下資料，將讀者回函卡直接寄回或傳真本公司，收到您的寶貴意見後，我們會收藏記錄及檢討，謝謝！

如您需要了解本公司最新出版書目、購書優惠或企劃活動，歡迎您上網查詢或下載相關資料：http:// www.showwe.com.tw

您購買的書名：________________________________

出生日期：________年________月________日

學歷：□高中（含）以下　□大專　□研究所（含）以上

職業：□製造業　□金融業　□資訊業　□軍警　□傳播業　□自由業

□服務業　□公務員　□教職　□學生　□家管　□其它_____

購書地點：□網路書店　□實體書店　□書展　□郵購　□贈閱　□其他

您從何得知本書的消息？

□網路書店　□實體書店　□網路搜尋　□電子報　□書訊　□雜誌

□傳播媒體　□親友推薦　□網站推薦　□部落格　□其他__________

您對本書的評價：（請填代號　1.非常滿意　2.滿意　3.尚可　4.再改進）

封面設計____　版面編排____　內容____　文／譯筆____　價格____

讀完書後您覺得：

□很有收穫　□有收穫　□收穫不多　□沒收穫

對我們的建議：________________________________

____

____

____

請貼
郵票

11466
台北市內湖區瑞光路 76 巷 65 號 1 樓

秀威資訊科技股份有限公司 收

BOD 數位出版事業部

(請沿線對折寄回，謝謝！)

姓　名：____________________　年齡：________　性別：□女　□男

郵遞區號：□□□□□

地　址：____

聯絡電話：(日)____________________　(夜)____________________

E-mail：____